汽车专业技能型教育"十三五"创新规划教材

汽车内饰设计改装实务

佛山市非凡车旅汽车用品有限公司　组　编

韩彦明　黄艳清　主　编

冯娇妹　张亚飞　副主编

机械工业出版社

本书先综述了汽车内饰改装设计的基础要素以及改装业务接待的要求；然后详细介绍了汽车内饰改装的典型项目：座椅装潢、转向盘装潢、中控仪表板及内饰板装潢、顶篷装潢，以及汽车地板装潢。

本书内容丰富、图文并茂、实用性强，可作为师资培训班、中高等职业院校汽车改装相关专业的教材以及汽车技术服务师（汽车改装方向）技能鉴定参考用书，也可作为广大汽车爱好者的汽车改装科普图书。

图书在版编目（CIP）数据

汽车内饰设计改装实务 / 韩彦明，黄艳清主编；佛山市非凡车旅汽车用品有限公司 组编 . — 北京：机械工业出版社，2020.1（2025.7重印）

汽车专业技能型教育"十三五"创新规划教材

ISBN 978-7-111-64533-7

Ⅰ.①汽⋯　Ⅱ.①韩⋯②黄⋯③佛⋯　Ⅲ.①汽车–内部装饰–教材　Ⅳ.① U472

中国版本图书馆 CIP 数据核字（2019）第 301676 号

机械工业出版社（北京市百万庄大街22号　邮政编码100037）
策划编辑：母云红　杜凡如　　责任编辑：母云红　杜凡如　丁　锋
责任校对：张莎莎　　　　　　责任印制：常天培
河北虎彩印刷有限公司印刷
2025年7月第1版第2次印刷
184mm×260mm · 10印张 · 225千字
标准书号：ISBN 978-7-111-64533-7
定价：49.90元

电话服务　　　　　　　网络服务
客服电话：010-88361066　机 工 官 网：www.cmpbook.com
　　　　　010-88379833　机 工 官 博：weibo.com/cmp1952
　　　　　010-68326294　金 书 网：www.golden-book.com
封底无防伪标均为盗版　机工教育服务网：www.cmpedu.com

全国职业院校汽车改装产教融合技能标准认证联盟专家委员会

主任委员
陈光祖　中国汽车工业咨询委员会委员

常务副主任
董鸿星　中国汽车后市场总会秘书长

副主任委员
万　鹏　中汽人才交流中心有限公司
李文昶　佛山市非凡车旅汽车用品有限公司
罗世东　3CA车空间文化内饰定制联盟
王海林　华南农业大学工程学院
韩彦明　佛山市华材职业技术学校
成伟华　顺德职业技术学院
毛　平　广州市轻工技师学院

秘书长
黄艳清　佛山市非凡车旅汽车用品有限公司

副秘书长
郭　正　3CA车空间文化内饰定制联盟
张亚飞　佛山市顺德区胡宝星职业技术学校

院校专家委员
郭海龙　广东交通职业技术学校
冯月崧　广州市轻工技师学院
曾　淼　清远职业技术学院
张红伟　广东科贸职业学院
龙志军　佛山职业技术学院

龙建平　深圳职业技术学院
王广海　广东机电职业技术学院
李爱民　珠海市理工职业技术学校
胡　勇　阳江职业技术学院
马　伟　普宁职业技术学校
杨萌萌　深圳市宝安职业技术学校

顾问专家委员

王　彬　金港汽车文化发展（北京）股份有限公司
麻俊昆　云南雄风汽车工贸集团有限公司
苏　晖　中国汽车流通协会有形市场分会
刘昌炎　广州市秀丽汽车装饰有限公司
周丙权　广州交通职业技术学校
麦仲德　佛山市非凡车旅汽车用品有限公司
吴源杰　佛山任我通汽车改装职业培训学校
张保泉　中国汽车流通协会精品服务分会
李再峰　连拓汽车技术（大连）有限公司
钟志强　广州盟力线业有限公司
陆　圣　上海盛唐兴业汽车装饰有限公司
卢　亮　成都玛斯特汽车服务有限公司
李廷龙　北京龙怡汽车装饰有限公司
曾馨理　广州同创汽车科技有限公司
梁小兵　温州椅族汽车用品有限公司

企业专家委员

杨　平　北京秀丽汽车改装有限公司
吴中华　北京改联互动文化传播有限责任公司（改联网）
曾祥林　重庆义丰隆汽车饰品有限公司
张　松　杭州天铭科技股份有限公司
陈建雄　江门市珠江皮革实业有限公司
杨松有　广州改啊汽车科技有限公司
申小明　广州锦文汽车科技有限公司
袁保忠　宁波恒威启亿汽车部件有限公司
曹　毅　重庆以梦为马汽车用品有限公司
李有良　深圳同利汽车装饰有限公司
蔡　敏　广州德道皮革制品有限公司
喻建斌　深圳市华克普缝纫机有限公司
赵　亮　苏州得韦氏汽车用品有限公司

前言

伴随着中国汽车市场的蓬勃发展，个人机动车保有量也急速增长，同时车主追求车辆个性化的需求也越来越旺盛，这有力推动了汽车改装行业的兴盛和进步。我们知道，流水线上生产出来的汽车虽然可以豪华无比，但每款车的性能、外观及内饰都非常一致，完全是一个标准化的工业产品，同款同型号车型之间没有任何个性与特色的差异，无法实现车主对个性时尚的追求。而通过专业、系统的汽车改装之后，可在安全、智能、舒适及娱乐等方面进行全方位提升，这无疑会给车主带来非同凡响的极致驾驶体验。

在汽车改装过程中不仅要对改装部件的质量负责，更要对改装施工质量负责。除此之外，从业者对车辆进行安全方面的检查并对车主进行引导教育后才能完成改装全过程。实践证明，汽车改装行业持续发展是大势所趋，国家从政策层面必然与国际接轨并将继续调整和完善，行业内的每一位从业人员应该在宽松、科学的顶层设计指导下共同维护好改装车环境，倡导安全、环保的良好改装氛围，为人民群众对美好生活的向往做出贡献！

庞大的市场需求、日益增长的产业规模，对汽车改装专业人才的需求越来越迫切，目前汽车改装人才远远供不应求。造成行业人才短缺的原因主要是，从事汽车改装的技术人员，一部分从机械、焊接、木工、电工、服装、汽车电子、汽车检测等行业跨行而来，而通过职业院校培养能够综合解决汽车改装的全方位人才体系还有待建立。这是造成目前汽车改装人才短缺的重要原因。为认真贯彻落实《国家职业教育改革实施方案》，深化产教融合、校企合作、育训结合，健全多元化办学格局，推动企业深度参与协同育人，满足职业教育的迫切要求，我们组织了中高职院校优秀师资队伍、汽车生产厂家技术人员、汽车后市场行业研究专家、4S售后团队技术骨干、汽车改装配件生产企业技师、汽车改装厂一线工人协同工作共同努力编写了这套教材，力求能体现现代职业教育的特色，更能符合汽车改装企业和市场发展的实际工作需求。

本书编者通过深入研究十多家改装工厂及改装配件生产商，查阅相关作业指导手册及验收标准；收集有数十年经验的改装技师的手稿，整理各施工师傅的讲稿；整理教师们现场实践经验；查看相关资料等，将最实用的改装技能内容整理成册。本书采用大量的实物照片，图文并茂，通俗易懂，形式生动活泼，有利于激发学生的兴趣，适合有一定汽车基础知识的中高职汽车专业及汽车相关专业的学生使用。

全书包含汽车内饰装潢设计、业务接待、座椅装潢、转向盘装潢、中控仪表板及内饰板装潢、顶篷装潢、汽车地板装潢七大任务。

本教材由全国职业院校汽车改装产教融合技能标准认证联盟专家委员会成员指

导，韩彦明、黄艳清任主编，冯娇妹、张亚飞任副主编。参编人员有安康、王子珲、马涛、马伟、李爱民、曾淼、毛平、杨萌萌、麦仲德、冯月菘、郭海龙、成伟华、杨晨、张红伟、龙志军、李健平、胡勇、王彬、麻俊昆、刘昌炎、杨萍、高巍、杨松有、袁保忠、喻建斌、曾祥林、李有良、赵亮、陈剑雄、于洪智、张志华、郭华宁、张松、卢亮、张保泉、廖广泽、郭广雄、陆智驹、郝义、陈国荣、黄奕琪、钟磊、谢伟堂、司徒裕明、张盛鑫、麦家晖。

在编写过程中参考了国内外相关著作、汽车厂家培训课件及其他文献资料，在此一并向有关作者及汽车厂家表示最真诚的感谢！

限于编者水平，书中难免存在瑕疵和不当之处，敬请广大读者批评指正。

编　者

目录

前　言

任务一　汽车内饰装潢设计 ·· 1
 学习情境　汽车内饰装潢设计认知 ······························ 1
  学习知识1　汽车内饰装潢 ································· 2
  学习知识2　汽车内饰装潢设计原则 ······················· 5
  学习知识3　汽车内饰装潢基本流程 ······················· 7
  学习知识4　汽车内饰装潢设计工艺 ······················· 11
  学习知识5　汽车内饰装潢相关法规 ······················· 15
  学习知识6　汽车内饰装潢完工评价 ······················· 17
  学习知识7　汽车内饰装潢典型案例 ······················· 18

任务二　业务接待 ·· 22
 学习情境　汽车改装技术服务接待 ······························ 22
  学习知识1　汽车改装技术服务概述 ······················· 23
  学习知识2　接待流程 ······································ 24

任务三　座椅装潢 ·· 31
 学习情境一　缝纫机使用 ··· 31
  学习知识1　缝纫机认知 ··································· 32
  学习知识2　平缝纫机认知 ································· 33
  学习知识3　缝纫相关附件 ································· 34
  学习知识4　缝纫机操作 ··································· 35
  学习知识5　缝纫机保养 ··································· 39
  学习知识6　缝制标准 ······································ 40
 学习情境二　座椅套制作 ··· 48
  学习知识1　汽车座椅 ······································ 48
  学习知识2　座椅面料 ······································ 49
  学习知识3　座椅装潢制版 ································· 52
  学习知识4　座椅装潢裁料 ································· 54

学习知识 5　真皮座椅保养 ………………………………………………………… 56
　　　学习知识 6　汽车座椅装潢品质检查标准 …………………………………………… 56

任务四　转向盘装潢 ……………………………………………………………………… 67

学习情境一　转向盘皮革包覆 ……………………………………………………… 67
　　　学习知识 1　汽车转向盘总体认识 …………………………………………………… 68
　　　学习知识 2　汽车转向盘拆装与修补 ………………………………………………… 70

学习情境二　转向盘水转印与碳纤维装潢 ………………………………………… 78
　　　学习知识 1　水转印技术应用 ………………………………………………………… 78
　　　学习知识 2　转向盘碳纤维装潢 ……………………………………………………… 81

任务五　中控仪表板及内饰板装潢 ……………………………………………………… 86

学习情境一　中控仪表板装潢 ……………………………………………………… 86
　　　学习知识 1　中控仪表板组成及功用 ………………………………………………… 87
　　　学习知识 2　中控仪表板材质 ………………………………………………………… 89
　　　学习知识 3　中控仪表台装潢用品 …………………………………………………… 90
　　　学习知识 4　汽车卡扣的介绍 ………………………………………………………… 92

学习情境二　车门内饰板装潢 ……………………………………………………… 110
　　　学习知识 1　车门内饰板 ……………………………………………………………… 111
　　　学习知识 2　车身立柱 ………………………………………………………………… 111

任务六　顶篷装潢 ………………………………………………………………………… 120

学习情境一　顶篷的翻新 …………………………………………………………… 120
　　　学习知识 1　汽车顶篷的分类 ………………………………………………………… 121
　　　学习知识 2　汽车顶篷装潢的材料 …………………………………………………… 122
　　　学习知识 3　汽车顶篷装潢的装配注意事项 ………………………………………… 123

学习情境二　星空顶篷制作 ………………………………………………………… 127
　　　学习知识 1　星空顶篷光纤机的选用 ………………………………………………… 128
　　　学习知识 2　导光纤维束的作业标准 ………………………………………………… 129
　　　学习知识 3　光纤机的电路布线 ……………………………………………………… 130

学习情境三　宫格顶篷的制作 ……………………………………………………… 133
　　　学习知识 1　宫格顶篷光源的三要素 ………………………………………………… 134
　　　学习知识 2　宫格顶篷光源的分类 …………………………………………………… 136

任务七　汽车地板装潢 …………………………………………………………………… 140

学习情境　地板装潢 ………………………………………………………………… 140
　　　学习知识 1　汽车地板材料 …………………………………………………………… 141
　　　学习知识 2　地板安装工艺 …………………………………………………………… 142
　　　学习知识 3　汽车地板噪声控制 ……………………………………………………… 143
　　　学习知识 4　有害物质的检测和去除 ………………………………………………… 143
　　　学习知识 5　地板维护与保养 ………………………………………………………… 145

任务一

汽车内饰装潢设计

随着我国汽车工业的快速发展，国内车主在追求高档、精致、个性化内饰上的要求越来越高。我国车主的审美偏好与西方设计理念有一定差异，具有中国元素的汽车内饰产品更受青睐，因此内饰装潢设计在我国汽车后市场的发展空间可谓是越来越大。

星空顶篷装潢效果图

商务装潢效果图

学习情境　汽车内饰装潢设计认知

情境描述

汽车原有内饰绝大部分都统一、单调、乏味甚至陈旧，无法满足客户个性化需求，因此汽车内饰装潢改造的需求越来越多是必然趋势。

作为汽车改装技术服务师，除应具备较强的服务意识之外，还应具备为车主提供设计风格建议（图1-1-1和图1-1-2）、改装方案设计及图样绘制、材料选择、颜色搭配、制作工序设计、费用计算等能力，并熟知验收标准。

图 1-1-1　运动时尚装潢效果图

图 1-1-2　舒适感装潢效果图

 学习目标

知识目标：
1. 知道汽车内饰装潢概念、项目。
2. 知道汽车内饰装潢设计原则、基本流程。
3. 知道汽车内饰装潢设计风格特性、色彩搭配及工艺。
4. 知道汽车内饰装潢相关法规及验收评价标准。

技能目标：
1. 能够正确理解客户的需求并完整记录装潢项目，依据设计原则为客户提供合理的装潢建议及方案。
2. 能遵守相关法规、标准对汽车内饰进行装潢设计并制订工艺方案。
3. 能够按照完工验收标准对装潢项目进行评价。

职业素养目标：
1. 具有工程质量观念、企业效益观念，具有安全意识、责任意识、环保意识、成本意识等工程素养。
2. 具有科学的认知理念、勇于实践的工作作风、较强的创新能力。

 相关知识

汽车内饰介绍

学习知识1　汽车内饰装潢

1. 汽车内饰装潢概念

汽车内饰装潢是指不涉及汽车动力系统、汽车外观件的更换及改变，运用技术手段对汽车内部进行非动力性能方面的改装。

2. 汽车内饰装潢项目

内饰作为汽车的重要组成部分，为车主提供了大部分的人车交流和操作界面。车主对于整车的各种最直观的感受，比如空间感、外观触感、舒适性、静音性、安全性、功能性、操作便利性、可靠性、耐久性等都与内饰设计息息相关。

汽车内饰装潢主要是对汽车内部顶篷、中控仪表台、转向盘、座椅、门板饰件、地毯等进行装潢作业，如图 1-1-3 所示。

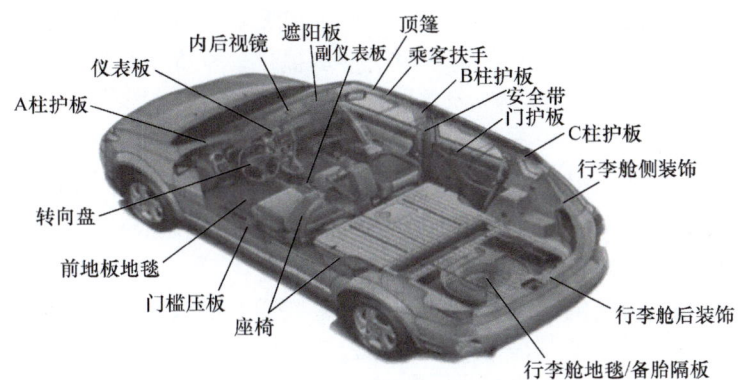

图 1-1-3　汽车内饰示意图

（1）中控仪表台

中控仪表台主要包括仪表板、仪表板横梁和副仪表板。

仪表板是汽车最主要的内饰件之一，是用于安装各种驾驶仪表控制开关、空调控制面板、音响娱乐系统、储物盒、安全气囊等各种部件的载体。由于仪表板直接面对驾驶人和乘客，因此对造型、质感、舒适性以及乘员保护等方面都有较高的要求。

仪表板横梁是仪表板系统的支撑结构件，主要用来为仪表板、转向管柱、乘员安全气囊、踏板、线束、空调箱等部件提供安装结构和支撑。

副仪表板一般位于前排左、右座椅之间的中央通道上。变速杆、驻车制动手柄以及杯托、扶手、点烟器、后排出风口等部件，通常都安装在副仪表板总成上。

仪表板系统可以采用表面贴皮、桃木件装饰、水转印、碳纤维装潢等装潢技术，以提升整车内饰品质，满足消费者日益多元化和高性价比的要求，如图 1-1-4 所示。

（2）门饰板及立柱系统

门饰板系统包括左前门饰板、右前门饰板、左后门饰板、右后门饰板等。在有些中高档车上还可能包括门框饰条。

立柱饰板系统包括 A 柱饰板、B 柱饰板、C 柱饰板、D 柱饰板、后风窗顶饰条、内门槛板、尾门门槛板以及其他侧围装饰件。

门饰板及立柱通常采用真皮包覆、表面贴皮等装潢设计，为饰件提供优美的外观，以满足舒适性、功能性和方便性等要求，可以在视觉、触觉上给予车主高端大气的感受，如图 1-1-5 所示。

图 1-1-4　中控仪表台装潢效果图

图 1-1-5　门内饰板装潢效果图

（3）座椅

座椅用来在车内给驾乘者提供支撑，在保证方便进出和驾驶操作的前提下给驾乘者提供有效的约束，并在事故发生过程中给乘员提供安全保护。座椅还提供驾乘者预期的可调节性和长途驾驶的舒适感。

座椅装潢在整车内饰中，无论从功能上、体积上还是客户关注程度上，都占据着极其重要的地位。在装潢升级中，可以通过材质升级、色彩搭配、缝制线条等座椅套装潢手段，给驾乘者提供满意的外观效果，如图1-1-6所示。

（4）转向盘

转向盘首先是实现转向的操作机构，同时也是重要的安全件。一是因为转向盘位于驾驶人的正前方，是碰撞时最可能伤害到驾驶人的部件；二是转向盘是主气囊的载体，它与主气囊的配合，对整车的安全起到重要的作用。因此，在装潢转向盘时尤其注意不能影响其功能性、安全性。

转向盘是驾驶人操纵汽车行驶方向的轮状装置，是驾驶人在日常驾驶车辆时手接触最多的控制机构。通过对转向盘进行外形改造、包覆、水转印、碳纤维改装等工艺，可以使驾驶人获得更舒适的手握感受和视觉感受，如图1-1-7所示。

图1-1-6 座椅装潢效果图

图1-1-7 转向盘装潢效果图

（5）顶篷

顶篷是汽车整车内饰的重要组成部分，主要作用是提高车内的装饰性，同时还具有提高车辆的隔热、绝热能力，降低车内噪声，提高吸声率，提高乘员乘坐舒适性和安全性的作用。由于太阳直射车顶，汽车顶部温度较高，对顶篷的耐热性和耐候性指标要求较严。

目前，汽车顶篷内衬主要由基材+缓冲隔热层+表皮层叠一体成型，利用大型成套生产设备，用热压成型法将它们复合成一个整体，成为具有一定刚性和立体形状的内饰件。基材可采用PU发泡片材、PP发泡片材、瓦楞纸、浸渍树脂的再生棉或玻璃纤维等，缓冲隔热层采用硬质聚氨酯泡沫塑料板，表皮材料则主要采用织物、TPO或PVC膜。

顶篷通过翻新、星空顶、宫格顶等装潢设计，不仅提高了汽车的档次，还使人感到舒适愉快，极大地满足了消费者的个性化需求，如图1-1-8所示。

图 1-1-8 星空顶篷装潢效果图

（6）隔声、隔热等处理

通过对汽车进行隔声、隔热等工艺处理可使驾乘人员舒适感剧增，如图 1-1-9 所示。行李舱改造、内饰功能件加装等装潢升级可使车主在视觉、触觉等感知方面得到宾至如归的享受，如图 1-1-10 所示。

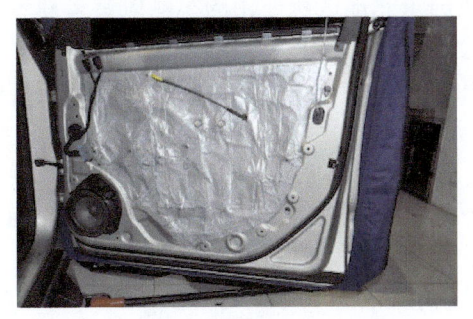

图 1-1-9 汽车隔声施工图

图 1-1-10 行李舱装潢效果图

学习知识 2　汽车内饰装潢设计原则

1. 汽车内饰装潢的目的

汽车内饰装潢需要以相对专业的视角将美学和汽车内饰有机融合，这就要求汽车内饰装潢设计者具有很高的审美能力，通过对汽车内饰进行装潢设计实现车主的个性化要求。

汽车内饰装潢是将美学原理引入到汽车内饰改造中，在现代设计理论基础上结合视觉效果创造出来的产品。

1）从本质上讲，将设计理论中的色彩、材料、工艺、风格及理念运用到汽车内饰装潢中。

2）从设计过程讲，设计师将车主的审美风格、独特个性与美学规律、法则有机融合。

3）从效果讲，体现了车主的文化背景、民族特点、地域特征等。

2. 汽车内饰装潢设计因素

汽车内饰装潢是将美学的研究结果运用到汽车内饰改造设计中，它体现了车主对塑造汽车美的渴求和向往。

（1）人文因素

人对美的追求和评价受到经济、文化、习俗等多种因素的影响，与人的文化层次、社会背景和人的年龄、性别、性格、信仰等因素息息相关，这些都是内饰装潢设计的依据。

（2）经济因素

在每辆车的装潢设计初期，项目团队都会对整车提出很多比较宏观的目标，这里面也包含了对内饰的要求，比如：整车档次、目标客户、使用环境、功能要求、空间要求、安全性能、舒适性、成本、重量等。

如车主经济状况及对整车档次要求不同，则意味着很有可能进行功能和配置上的改变。豪华车的座椅很可能采用感知质量上乘的真皮座椅，而经济型车，则可能采用价格适中、感知质量一般的超纤皮、皮革、布面料座椅。

（3）环境因素

不同的地理气候条件也促使内饰装潢方案的不同。如我国南北方的气候条件差异很大，所采用的设计方案也会有所不同。我国东北地区所使用的车辆应更多地考虑内饰系统在低温条件下的性能，而南方地区应更多地考虑其在高温条件下的性能，这些极端气候对于材料的影响会非常大，因此针对南北方设计所采用的材料可能会有所不同。

（4）技术因素

汽车内饰装潢更多地体现了以人为本的原则，必须在符合人体力学、车内功能等方面对汽车内饰进行功能增减、材料更换等一系列改装，是技术与美的和谐统一，为车主提供美观、舒适、安全的驾驶和乘坐空间，给车主一种家的感受。

3. 汽车内饰装潢设计要求

内饰装潢设计的过程，就是对各种限制条件和各种要求进行反复权衡，为车主寻找最佳价值组合的过程。

怎样在成本、重量、空间和开发时间等有限资源的基础上，为车主提供一个能感知到的、美观舒适、安全、功能强大、操作方便、经久耐用和超值的内饰空间及系统，是内饰装潢设计的主要任务。

汽车内饰装潢设计原则概括来说主要集中在舒适性要求、安全和环保性能要求、可靠性要求、质量和外观要求四方面。这四方面的要求既是内饰系统的基本要求，缺一不可，也是汽车质量和品质的衡量指标。

（1）安全和环保性能要求

此项要求包含国家或地区的强制性法规要求以及避免可能对乘员造成伤害的其他要求，如气味散发性能要求等。

（2）可靠性要求

此项要求包含系统或零件的强度、刚度以及零件在其生命周期内的抗疲劳耐久性能要求等。

（3）质量和外观要求

此项要求包含尺寸和公差、颜色、光泽、触感、协调性等。

（4）舒适性要求

此项要求包含乘坐、操作舒适性以及安装和维修的便利性等。

学习知识3　汽车内饰装潢基本流程

汽车内饰装潢基本流程

在内饰装潢过程中，需要将车主要求与技术完美结合，从接车并确定车主需求、方案设计、装潢制作、费用说明、交车验收及费用结算五个步骤进行操作。

1. 接车并确定车主需求

（1）确认车辆状况

在环车检查时，汽车改装技术服务师必须邀请车主一同进行，目的是一同确认问题，规避风险。检查中发现的任何问题都应该向车主指出，并在《汽车装潢接车记录单》上注明，避免交车时发生纠纷，同时环车检查还可以帮助车主了解自己车辆的基本情况，保证与车主取车时的车辆情况一致。

（2）装潢项目洽谈

第一步：与车主就改装设计方案进行详细交流，了解车主的需求。

要从车主角度去考虑问题，了解车主需要的侧重点，一般是设计、风格、材料安全、功能配置、价格这几个要素。

从车主的衣着、举止、谈吐可以进行一个简单的定位与筛选。在与车主交流沟通过程中还需要揣摩客户心理，抓取关键词，比如"绅士""少女""沉稳"，以便确定客户偏向于"运动""商务""超跑"等哪种内饰改装风格。

第二步：对车主提出的改装设计方案，给出专业的参考意见。

通过与车主交流，向车主详细介绍改装颜色搭配、材料的性能参数、装潢风格。

站在车主的角度展开工作，将车主的全部需求按照其重要性进行顺序排列，以匠心打造各个部件，确保符合各项技术要求。

设计：从车主的要求中合理化各个功能，定位车主的喜好。

服务：要详细为车主讲解用材、用量、施工进度的要求。

价格：在公司规定的价格体系中谈价。

了解并深度挖掘车主的消费需求，应从车主的车型、爱好和功能配置入手，充分体现车主的需求。一定要引导车主进行思考，考虑各种因素，比如用料、施工难度等。切忌对车主盲从，礼貌地用专业知识提出反对意见，以在车主心目中树立专家形象。

第三步：填写内饰装潢项目记录单。

了解车主通过装潢要达到的预期效果，详细在记录单中记录，见表1-1-1，并要求客户确认签字。

表 1-1-1　内饰装潢项目记录单

客户信息（销售填）	姓名：		品牌型号：		车牌号：		日期：	
	手机：		发动机号：		车架号：			
改装项目（销售填）		□转向盘		□门板	□座椅		□遮阳板	□其他
		□中央扶手		□ABC柱	□仪表台		□顶篷	□安全带
改装部件	改装工艺			颜色型号（销售填）	具体用料（施工填）		单价（元）	金额（元）
转向盘	□真皮　□超纤　□碳纤							
	□桃木　□钢琴烤漆							
	□电镀　□加粗（改造型）							
	□其他							
门板	□真皮　□超纤　□烤漆							
	□其他							
座椅（　）座	□真皮　□超纤　□烤漆							
	□其他							
中央扶手	□真皮　□超纤　□桃木							
	□钢琴烤漆　□其他							
仪表台	□真皮　□超纤　□喷色							
	□其他							
ABC柱	□反绒　□超纤　□喷色							
	□其他							
顶篷	□反绒　□超纤　□烤漆							
	□星空顶篷　□其他							
遮阳板	□反绒　□超纤　□烤漆							
	□其他							
安全带	□改色　□其他							
其他	□刺绣（图案/文字）							
总工时					工时费			
合计：	拾　万　仟　佰　拾　元　角　分						¥	
预付金额：					余款：			
1.结算时间：按收货后＿＿＿＿天内结算；按＿＿＿＿方式结算。								
2.付款方式（√）：支票□　现金□　电汇□　承兑□								
备注	（改装细节、预期改装效果等，可在此处填写）							

2. 方案设计

内饰装潢设计是汽车内饰装潢方案的重要部分。良好的内饰装潢设计不但会满足车主的需求，而且会提高整车品质与档次。

（1）色彩搭配

设计师必须依据装潢记录单，遵照汽车内饰改装颜色设计原则，结合车主需求完成颜色搭配设计。

汽车内饰色彩设计的主要作用就是装饰功能。汽车内饰的色彩设计必须以宜人性为主要目标，以利于驾驶和乘用，总体要求美观、亲和、快意、友善，使人感到舒适、无过度刺激、减轻烦闷和疲劳，因此要求汽车内饰的色彩设计要整体协调。同时，汽车内饰改装作为面向车主的个性化定制服务，必须以满足车主需求为主要考量。

（2）材料选择

根据车主需求，选取改装材料，并且将改装材料的性能参数向车主详细介绍。将车主选择的皮革样本，放置至中控台上，观察玻璃上是否会出现皮革颜色，如果出现，则该皮革颜色会对驾驶人造成反光干扰，不得采用。皮革颜色反光测试如图1-1-11 所示。

图 1-1-11　皮革颜色反光测试

（3）绘制草图

草图设计中应确保车辆内饰结构完整明确，重点突出改装部位的改装后颜色和外观等细节效果，如图 1-1-12 所示。草图设计必须从技术层面分析施工难度，判断能否正常施工。为车主提供尽可能多的方案草图，一般不少于两套方案。

手绘草图是将设计者的想法由抽象变为具体的一个十分重要的创作过程（图 1-1-13），通常采用铅笔绘制，马克笔、色粉、水溶性彩色铅笔等结合上色。

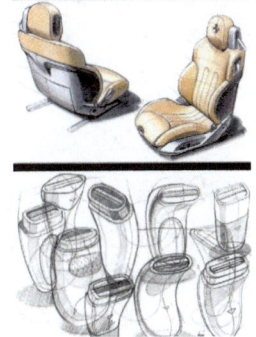

图 1-1-12　设计草图

图 1-1-13　手绘草图

（4）制作效果图

根据车主选择的方案，利用 PS 等软件，绘制效果图，如图 1-1-14 所示。效果图（图 1-1-15）应真实可靠，细节展示完整明确，可将改装效果完全展示，并且符合车主要求。

图 1-1-14 制作效果图

图 1-1-15 内饰改装效果图

3. 费用说明

在车主确认装潢方案之后，再次为车主详细讲解装潢费用，并按照公司规定让车主缴纳一定比例的定金。

4. 装潢制作

当汽车内饰装潢设计方案完成并经车主同意之后，就需要由装潢工作人员对原部件进行拆卸，根据原部件进行主要尺寸、形状、定位的测绘、调整。以座椅装潢为例，按照拆卸、分解、制版、裁料、缝制、包覆和安装七个工序进行操作，如图 1-1-16 所示。

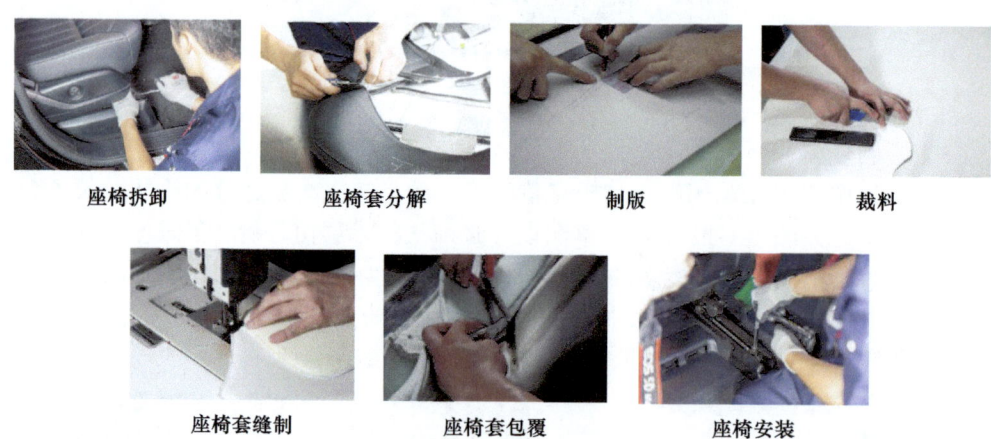

图 1-1-16 座椅套制作流程

5. 交车验收及费用结算

汽车改装技术服务师在确认车辆装潢项目已完成后，要及时与车主取得联系，约定交车的时间、方式、费用结算等，在车主方便的时间进行交车。

在等待车主到店取车的过程中，汽车改装技术服务师应准备好维修合同、工单、结算单、车钥匙及行驶证等，便于车主到店后解释说明。确认竣工车辆是否已在竣工区停妥且车头朝向车主离开的方向。

学习知识4　汽车内饰装潢设计工艺

1. 色彩与装潢

色彩设计是汽车内饰设计的重要内容。造型设计体现的是整体风格,而色彩设计体现的是细节和品位,并烘托出内饰的格调。即便是在同一个内饰设计中,色彩搭配的不同也往往能营造出完全不同的空间氛围。

色彩能使人产生联想和感情,在内饰装潢设计中,利用色彩感情规律,可以更好地表达主题,唤起人们的情感,引起人们的兴趣,最终影响人们的生活品位。

（1）色彩内涵

每种色彩都有它的情感体验,也就是色彩自己的语言,找到适合自己的色彩不仅能突出自身想表达的风格,还可以充分展示某些常见个性和风采。某些常见色彩的内涵见表1-1-2。

表 1-1-2　某些常见色彩的内涵

色彩	内涵
红	活跃、热情、勇敢、爱情、健康、野蛮
橙	富饶、充实、未来、友爱、豪爽、积极
黄	智慧、光荣、忠诚、希望、喜悦、光明
绿	公平、自然、和平、幸福、理智、幼稚
蓝	自信、永恒、真理、真实、沉默、冷静
紫	权威、尊敬、高贵、优雅、信仰、孤独
黑	神秘、寂寞、黑暗、压力、严肃、气势

（2）色彩搭配

色彩在设计中是作品的灵魂,可以调和出不同的情感体验,色彩搭配见表1-1-3。合理的色彩搭配能够提高车内环境的美观度。现在的时尚白领阶层,不仅追求物品的实用性,也很关心美观度。目前比较主流的内饰搭配有蓝色配白色、黑色配黑色、红色配黑色等,棕色则是一种比较百搭的颜色,潮流色彩搭配见表1-1-4。

表 1-1-3　色彩搭配

色彩搭配	情感体验
黄绿色的底加上红色	冒失、鲁莽的闯入者,激烈
橙色的底加上红色	积郁着、暗淡而无生命
橙色	金色的秋天,欢快活泼,富足
红色	兴奋、热烈、冲动
深红色的底加上红色	平静、热度熄灭
蓝绿色的底加上红色	炽烈燃烧的火焰
淡的颜色	柔软
暗的颜色	强硬
一点黑色或白色渲染	稳重、明快

表 1-1-4　潮流色彩搭配

潮流色彩搭配	特色
全黑的内饰	标志运动和热情的主题
黑红混搭	黑色内饰加上红座椅，或者赤色的中控台加上全黑的打孔真皮座椅，是运动汽车比较主流的内饰颜色
棕米调配	让人感觉非常新鲜，适合居家使用，棕色中控台有效地防止了反光，而米色令人感到整洁又适意，会让经济型车有了高端车的感受
蓝白拼色	蓝色加上白色，洋溢着青春的气息，现已逐渐成为一些个性车主的选择

2. 风格与装潢

车辆风格都会有特定的倾向，这就形成了不同年代有不同的流行款，可能会在颜色、选材、改装风格等方面形成某一趋势，这也是部分车主所需求的，所以需要设计师们了解行情，紧跟时尚潮流，以更好地跟车主沟通。

设计的方案要有明确的方向，不应该杂乱无章。系列风格并非按车型分类，而是以系列来分类车型，如"北欧自然系列"对应"自然风光""北欧风情"等符号，如图 1-1-17 所示。这些符号就是这个设计理念里最重要的部分，设计必须能体现这些符号。这些字眼与符号，也会在车主选择方案时起到很好的引导作用。

图 1-1-17　北欧自然系列示例

以当前国内汽车内饰装潢市场为例，内饰设计风格类型基本分为豪华气派型（图 1-1-18）、稳重大方型（图 1-1-19）、运动时尚型（图 1-1-20）、简洁实用型（图 1-1-21）不同风格类型的装潢展现出不同的功能特点，见表 1-1-5。

图 1-1-18　豪华气派型

图 1-1-19　稳重大方型

图 1-1-20 运动时尚型

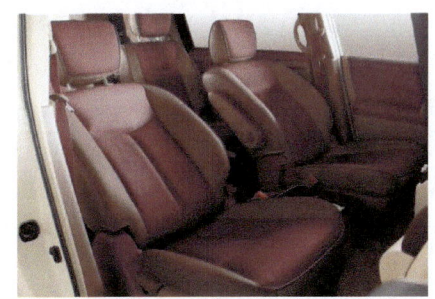
图 1-1-21 简洁实用型

表 1-1-5 风格类型与功能特点

风格类型	功能特点
豪华气派型	配置豪华,做工精致,选料考究;在中高档商务车、轿车中使用较多
稳重大方型	造型沉稳,功能齐全,做工精致,在中高档轿车中使用较多
运动时尚型	造型新颖前卫,具有很强的动感,并能体现高科技时尚的设计元素,多见于一些轿跑车和 SUV 车
简洁实用型	造型简洁明快,突出内饰的功能性和实用性,让人一目了然,多用于中低档车改装中

3. 材料的选择

汽车内饰面料的主要功能是美化车内环境,增加人们驾驶与乘坐的舒适度。装潢选材必须符合安全性、功能性、舒适性、绿色环保等原则。汽车内饰常用的面料有真皮、人造皮革、织物面料等。

（1）真皮

真皮具有提高汽车档次、容易清洁、冬暖夏凉、透气性和散热性好等优点。因此中高档车型较多选择真皮,常用的真皮有纳帕皮头层、油蜡皮、黄牛皮等。

（2）人造皮革

人造皮革主要包括 PVC、PU、超纤皮革三种。PV 是人造皮革的第一代产品,PU 是第二代合成革,超纤皮革是第三代人造皮革。

超纤皮革的颜色选择比真皮的多,选择更多样化,操作方便。因此一些改装也会在无法使用真皮的情况下使用超纤皮革。

人造皮革汽车内饰多用超纤皮革、反绒皮革、纹路超纤皮革（鳄鱼纹、鸵鸟皮纹、蜥蜴纹、蟒蛇纹）等,多用于低中档车型及多颜色搭配风格等装潢中。

（3）织物面料

织物面料具有手感柔软、透气性好、耐寒性好,使整车色彩协调、图案豪华大气、耐磨、防污、阻燃的优点,且有一定的摩擦系数与抗静电性。

织物面料多用于寒冷地区及经济车型装潢。

4. 喷涂工艺

在内饰改装设计时,部分内饰饰板会选择用喷涂（图 1-1-22）覆盖原车颜色来搭配整个内饰改装,有时客户也会选择全包皮来替代喷涂。

需要注意两点:一是部分饰板无法拆除,无法进行喷涂处理;二是带电子设备的饰板也无法进行喷涂处理。

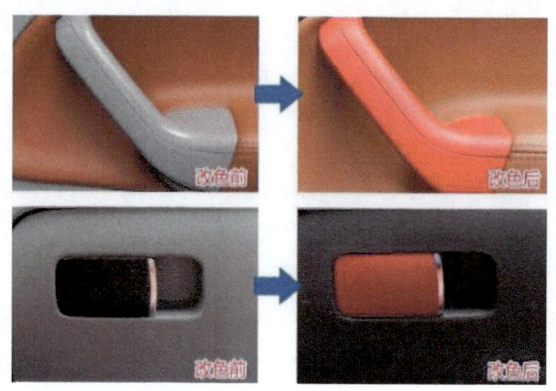

图 1-1-22　喷涂工艺

5. 水转印、碳纤维包覆

水转印技术在汽车装潢领域的应用具有创新意义,这项技术能够为喜爱个性化改装的车主带来新颖个性的改装风格。

水转印一般采用的是披覆转印技术,它使用一种容易溶解于水的水性薄膜来承载图文。披覆转印技术可以在任何形状的工件上形成纹路,即平面、曲面都可以形成纹路,可保证产品表面纹路的完整性。

水转印技术相对于其他改色手段最大的优势在于能够提供各种独特的图案定制,比如常见的豹纹、木质、碳纤维、迷彩花纹,甚至是人物肖像等,如图 1-1-23 所示。

碳纤维作为汽车材料最大的优点是质量轻、强度高,重量仅相当于钢材的 20% 到 30%,硬度却是钢材的 10 倍以上。所以采用碳纤维材料可以使汽车轻量化,并带来节省能源的社会效益。业界认为,碳纤维在汽车制造领域的使用量会增大。

6. 缝线、骨条

在内饰改装设计时,需要点线面的合理搭配。除了面与面之间的搭配,很多时候还需要一些线条来点缀,而缝线和骨条都是塑造线条的主要手段,如图 1-1-24 所示。缝线可以实现皮面凹槽效果,也可以运用单缝线或双缝线进行装饰。骨条能突出骨质感,起到圆滑过渡的作用,但为了乘坐舒适,一般缝在皮面转折位置。

图 1-1-23　水转印效果图

图 1-1-24　座椅线条效果图

7. 星空顶篷

星空顶篷可以实现图案定制，在装潢设计中起到很好的点缀作用，如图 1-1-25 所示，具有超强的视觉效果。

8. 刺绣

刺绣属于非常个性化的改装，如图 1-1-26 所示。图案根据客户需求进行个性化定制，可缝制在座椅、门板、仪表台、扶手箱等表面比较平整的位置。

图 1-1-25　星空顶篷效果图

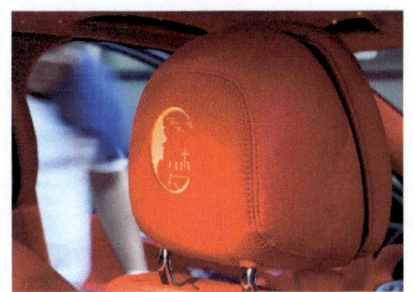
图 1-1-26　刺绣效果图

学习知识 5　汽车内饰装潢相关法规

随着我国汽车产业和市场日益成熟，人们对汽车内外饰设计的环保、舒适、精致、人性化等方面提出了更高的要求，同时也促进了设计师们对内外饰感知质量的研究。

1. 环保相关法规

针对环保，各国都制定了相应的法规和标准，主要包括禁用物质、车内空气质量等方面。从法规和标准来看，各国政府对环保要求越来越高。车内环保相关法规见表 1-1-6。

表 1-1-6　车内环保相关法规

类别	方向	现有法规	法规动态
环境	禁用物质	GB/T 30512—2014《汽车禁用物质要求》	纳入公告管理（2016.1.1）：《汽车有害物质和可回收利用率管理办法》
	回收利用	GB/T 19515—2023《道路车辆　可再利用率和可回收利用率　要求及计算方法》	
车内空气质量	VOC	GB/T 27630—2011《乘用车内空气质量评价指南》	
	气味	暂无	CQC 正在对车内气味进行认证发布（类似整车碰撞星级）
	接触安全	德国 GS 认证 ZEK01.4-08	行业规范：《汽车有害物质分级控制规范》，包含禁用物质、多环芳烃、石棉、苯等约 200 种有害物质

2. 安全相关法规

内饰配置、空间布置、材料选用、造型设计等对最终的安全性能均可产生影响。安全性能设计可分为以下几类。

（1）整车级别的安全要求

针对整车的安全性能要求有很多，如 GB 11551—2014《汽车正面碰撞的乘员保护》、GB 20071—2006《汽车侧面碰撞的乘员保护》、中国新车安全评价规程（CNCAP）等。为了使整车级的性能达到一定的标准，通常各子系统如底盘、车身内饰等在设计时都要进行相应的考虑。

（2）子系统级别和材料的安全要求

有些安全性能要求则是针对子系统的，如 GB 11552—2009《轿车内部凸出物》就是针对内饰系统的安全要求。还有些要求则针对材料，如 GB 8410—2006《汽车内饰材料的燃烧特性》等。

3. 轿车内饰材料散发性能要求

由于汽车空间狭小，车内空气量本来就不多，加上汽车密闭性好，因此，汽车内有害气体超标比室内有害气体超标对人体的危害程度更大。

为了控制和预防有害气体超标，应使用环保型的材料，如水溶性胶、水溶性漆、TPO 等。同时也要注意装潢中的添加剂，如脱模剂、催化剂等的使用。

车内甲醛等有害散发物主要来源于塑料件、地毯、车顶衬、座椅和其他装饰使用的胶水、油漆、酚醛树脂等。

目前对散发性能要求包括气味、甲醛、雾翳和总碳挥发。随着环保要求日趋严格，总碳散发将被苯 C_6H_6、甲苯 C_7H_8、二甲苯 C_8H_{10}、乙醛 CH_3CHO、丙酮 CH_3COCH_3 等有机物质取代。

（1）SMC 30159—2007《轿车内饰材料散发性能技术要求》

SMC 为企业标准，本节以此例说明散发性能技术要求。

① 甲醛散发。甲醛散发值的测试方法应符合 SMC 30155—2006 的规定，甲醛散发量临界值应不大于 10μg/g。

② 气味测定。气味级别的测定方法应符合 SMC 30156—2006 的规定，气味等级不大于 3 级。

③ 总碳挥发。总碳挥发值的测定方法应符合 SMC 30158—2006 的规定，见表 1-1-7。

表 1-1-7 总碳挥发

材料种类	单位	临界值
天然皮革	μg C/g	$E_g \leq 100$
非天然皮革	μg C/g	$E_g \leq 50$

（2）汽车内饰材料气味检测标准

汽车内饰材料气味散发主要来自橡胶制品、塑料、织物、地毯、内饰毛毯和顶篷毡、胶黏剂、附着力促进剂、汽车皮革、涂料、汽车内饰清洗剂等。这些汽车内饰材料挥发出的物质对人嗅觉感官造成不良影响。汽车内饰气味评定等级，见表 1-1-8。

表 1-1-8　汽车内饰气味评定等级表

气味等级	对应描述
1	无气味
2	有轻微气味，但无干扰性
3	有明显气味，但无干扰性
4	干扰性气味
5	强烈干扰性气味
6	难以忍受的气味

学习知识6　汽车内饰装潢完工评价

客户可根据人体感官，即视觉、触觉、嗅觉、听觉、操作性五方面来对车辆外观和内饰装潢完工效果进行评价。

评价特性如下：

1. 视觉

汽车内饰装潢视觉效果主要从座舱内所有可见外表面的造型设计、色彩搭配效果、表面工艺质量、光线反射影响、零件之间的相互配合、面料材质、皮纹的深浅和纹理一致性、车内桃木纹饰件纹理一致性和连续性、颜色和光泽度的一致性等方面进行评价。

视觉质量主要评价点：对所有仪表板、门饰板、组合仪表等装潢部件是否美观、工整、协调等方面进行直接视觉质量、比较视觉质量、配合、图形外观、照明等方面评价。

2. 触觉

触觉评估的检查点是所有乘客手可以接触到的零件表面或区域。在车内主要有以下两点：

① 在座舱系统内（包括仪表板系统、座椅副仪表板总成、门内饰板、地毯和顶篷等），所有可见的、可触及的外表面的触觉感知，包括零件的飞边、分型线和尖锐的倒角等表面质量。

② 车内所有可供操作的电动按钮以及一些车内配备的电子触摸屏的按键，评估从按下按钮到电子设备开始执行指令的反馈时间以及按钮的行程和操作力。上述按钮不仅包括仪表台上各电子模块的控制按钮，还包括门内饰板、顶篷、副仪表板以及电动座椅等的控制按钮。

触觉质量主要评价点：对常接触的转向盘、副仪表板扶手、门饰板等部件进行直接触觉质量、功能感觉质量、触觉/功能感觉比较质量等方面评价。

3. 嗅觉

车内空气质量越来越引起人们的重视，有害气体会对身体造成伤害，直接影响人们对车辆装潢质量的判断。对嗅觉产生直接影响的有气味性、甲醛含量。

（1）气味性

气味是人对环境的主观评价，会对人造成心理和生理影响。恶臭物质（是指一切刺激嗅觉器官引起人们不愉快及破坏生活环境的气体物质）会引起气味的超标。恶臭物质的影响不仅取决于它的种类和性质，也取决于它的浓度。恶臭物质会刺激人的感觉器官，使人感到不愉快和厌恶，造成心理上的负担，使人感到压抑。

（2）甲醛含量

甲醛是一种无色、具有强烈刺激性气味的气体，吸入高浓度甲醛后会出现严重的呼吸道刺激和水肿、眼刺痛、头痛，也可发生支气管哮喘。

嗅觉质量主要评价点：对车内气味进行直接嗅觉质量、嗅觉比较质量等方面评价。

4. 听觉

每个功能部件动作的声音都应给人带来高质量和精致的感觉，同时在装潢施工中要消除异响。装潢施工完成后，评价方法如下：

（1）预留间隙

需要检查装潢部件在静止、运动、极限状态下的间隙，不同零件之间是否相互碰撞，产生异响。

（2）隔断处理异响

对于隔断处理后是否产生异响，应使用噪声检测仪检测汽车配合零件之间产生的噪声。

（3）结构强化检测

确保装潢部件具有足够的强度、刚度，安装牢固，避免产生共振，应使用噪声检测仪检测车辆运行时结构件的噪声。

听觉质量主要评价点：对内开手柄、杂物箱等活动部件的操作声音质量、部件操作声音比较质量等方面进行评价。

5. 操作性

关于汽车内饰装潢项目操作舒适性验收，应符合人体力学、生理学、心理学等学科的研究方法，以及人体结构特征和机能特征的研究方法。例如，人的体型身高不同，在进行内饰装潢设计时，就必须使用正确的人体尺寸。

主要评价点：对标识等要易发现，对按钮、电器旋钮等活动部件要易接近、易操控。

学习知识 7　汽车内饰装潢典型案例

以保时捷卡宴"红色风暴"为例，对其设计风格、设计理念、适用人群等进行分析。

1. 设计风格

高端奢华，时尚，有质感美。黑色搭配红色是永不过时的经典色彩搭配，在众多高端时尚产品中都有运用。卡宴作为时尚轻奢一族的宠儿，黑色和红色的经典搭配自然很符合卡宴的消费人群。

2. 设计理念

保时捷卡宴作为一款高端车型，自身就有过硬的素质，要想在这个基础上更进一步，必须加入个性化的设计。原车的整体红色内饰气势磅礴，但都是以面为主，因此在设计内饰方案时想到利用线条来打破格局，线条可以增加内饰的科技感与质感，使车内显得丰富不单调。

3. 适用人群

高端消费者，年轻一族，男女性均适用。

4. 装潢项目

中控台、转向盘、中央扶手如图 1-1-27 所示：红色为主、黑色为辅的进口纳帕皮相搭配更体现了内饰的品质感，与黑色钢琴烤漆饰板相得益彰。

门板如图 1-1-28 所示：保留原车的设计与色彩搭配，在原来基础上把原车的皮换成更高级的进口纳帕皮。

顶篷如图 1-1-29 所示：大气磅礴的红色，让整个空间彰显出气势与韵味。

座椅如图 1-1-30 所示：设计充分考虑视觉上的色彩与线面构成，以达到最舒适的视觉感受，银白色条纹纹理与进口纳帕皮相搭配更体现了内饰的品质感。

图 1-1-27　红色风暴效果图

图 1-1-28　红色风暴门板装潢效果图

图 1-1-29　红色风暴车顶装潢效果图

图 1-1-30　红色风暴座椅装潢效果图

任务实施

1. 作业准备

工作台

画板

铅笔

马克笔

水溶性彩笔

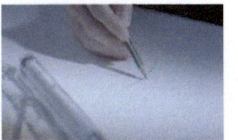
图纸

抹布

2. 实施过程

（1）了解客户需求，并给出装潢方案

零件名称	材料	颜色	客户个性	建议客户装潢风格	建议装潢颜色	建议装潢材料
转向盘						
中控台						
门板						
顶篷						
座椅						

（2）绘制草图

使用绘图铅笔在 A3 图纸上绘制座椅正面草图，且使用马克笔给座椅正面上色（图 1-1-31）。

使用绘图铅笔在 A3 图纸上绘制座椅侧面草图，且使用水溶性彩笔给座椅侧面上色（图 1-1-32）。

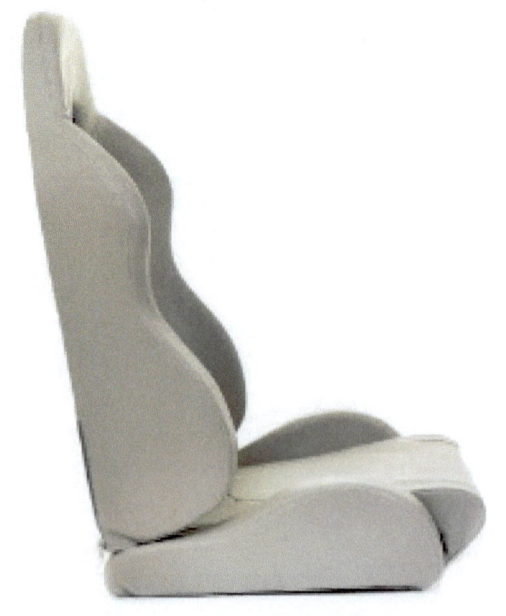

图 1-1-31　座椅正面　　　　图 1-1-32　座椅侧面

使用绘图铅笔在 A3 图纸上绘制汽车内部结构草图，且使用水溶性彩笔给转向盘、中控台、门板、座椅上色（图 1-1-33）。

图 1-1-33　车辆内部结构

检查评价

汽车内饰设计评价表

车牌		车型		施工员	
考核内容	作业技术评价	评分标准		配分	得分
客户交流 30 分	客户需求风格	能够理解客户性格、风格,并能够清晰表述		7	
	客户需求装潢色彩	能够理解客户对装潢色彩搭配的要求		7	
	客户需求装潢材料	能够推介适合的装潢材料		7	
	装潢方案制订	能够制订合理的装潢方案		9	
绘图 35 分	绘图工具选取	正确选取绘图工具和用笔		10	
	绘图	绘制零部件图样清晰、规范		20	
	绘图比例	比例合适		5	
上色 25 分	正确选择色彩	符合客户装潢要求色彩		10	
	上色	色彩均匀		10	
	各部件效果	干净、美观		5	
整体效果 10 分	整体效果	比例均匀、布局合理、美观		10	
总分(100 分)					

任务二

业务接待

业务接待是在商务交往活动中，给客户留下良好第一印象的重要工作。接待工作的质量，直接影响商务活动的成败。

汽车改装技术服务师接待图

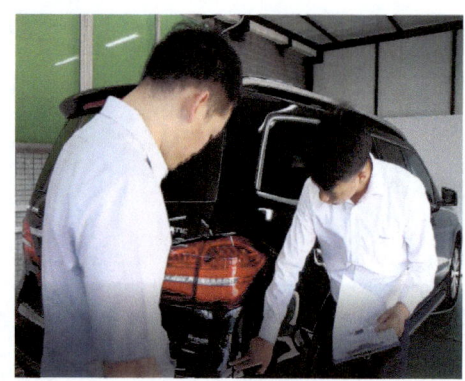

环车检查效果图

学习情境　汽车改装技术服务接待

 情境描述

李先生6个月前在4S店买了一辆某品牌的A级车，但为了获得更好的体验感和个性化，想到汽车内饰改装公司进行内饰改装，你作为汽车改装技术服务师，应如何进行专业的接待服务工作呢？

🎯 学习目标

知识目标：
1. 知道汽车改装业务接待流程。
2. 知道环车检查项目及相关内容。

技能目标：
1. 能按汽车改装技术服务师的标准进行着装并实施专业礼仪接待。
2. 能熟练使用沟通技巧进行业务沟通。
3. 能独立完成环车检查。

职业素养目标：
1. 具备汽车改装技术服务师的基本礼仪与技巧，适应新时代"客户至上"的服务宗旨。
2. 具备与客户沟通的技巧，能使用最便捷的方法对客户车辆进行检查。

 相关知识

学习知识1　汽车改装技术服务概述

1. 汽车改造技术服务的含义

汽车内饰改装服务过程中，汽车改装技术服务师要同客户就装潢的项目、色彩、风格等相关因素进行交互，为客户提供完美的方案、制作工艺。

客户对服务的感知，很大程度上取决于汽车改装技术服务师服务的质量。客户希望得到的是：汽车改装技术服务师面带笑容的职业化形象、较好的亲和力、虚心地听取反馈信息、解决问题的能力以及宽松的环境。

2. 汽车改装技术服务师职责

服务是保证用户满意的最重要工具，也是与用户保持联系的工具。对于大多数客户而言，把汽车送来改装是一次愉快的体验，客户通常会担心装潢的质量以及效果，还有是否会增加一些不必要的项目。

汽车改装技术服务师是客户最先接触到的人，他们必须向客户提供最优质的服务和最真诚的关心，从而获得客户的信任，促进汽车装潢任务的完成。

汽车改装技术服务师的主要职责有：

① 热情主动地接待客户，急客户所急，想客户所想，用心为顾客服务。
② 分析客户的需求，进行针对性的推介。
③ 提供优质的服务，做一个认真的倾听者和记录员，并给予客户合理的建议，在客户心里树立汽车改装专家的形象。
④ 接待时对车辆进行仔细检查。
⑤ 提供透明、准确的装潢价格。
⑥ 做好交车后的跟踪服务，提高客户的满意率。

学习知识 2　接待流程

汽车改装技术服务师要想能在接待客户的过程中,体现良好周全的服务,就必须事先做好充足的准备工作。

1. 接待前准备工作

汽车改装技术服务师在接待客户之前,应先预测一下客户可能有哪些方面的需求,再分别地一一做好准备。

（1）客户需求分析

一般来说,客户一般有以下三个方面的需求:

① 信息的需求。汽车改装技术服务师必须具备专业知识为客户提供改装项目、费用等方面的咨询,才能令客户满意。

② 环境的要求。要为客户准备干净、整洁、安静、舒适的洽谈环境。

③ 情感的需求。客户都有被赞赏、尊重等方面的情感需求,汽车改装技术服务师需要去理解客户的心理和情感。

（2）材料准备

开始接待工作之前,应对用具情况,环境设施情况,自己的着装、仪表和精神状态进行逐一检查,如有问题应及时纠正。接待前的准备工作主要包括工具或材料准备（表 2-1-1）、人员到位、工作环境布置和仪容仪表整理四项内容。

表 2-1-1　汽车改装技术服务师准备材料及功能

工具或材料名称	功能	使用时间
文件夹、名片等	便于资料携带,方便与客户联络	主动出迎时
四件套	保护并避免污染内饰	车辆环检时
环车检查单	记录或确认车辆环检信息	车辆环检时
车辆装潢项目记录表	汇总装潢项目、材料等信息,让客户签字确认	信息核实与确认时

2. 迎接客户

客户来访时,汽车改装技术服务师应采用迎立式服务标准。当客户进来时,汽车改装技术服务师应立刻起立,与客户的角度约为 45°,距离 70~80cm,微笑迎接并使用标准服务用语问好"您好,请坐!",引客户进门入座。待客户就座后,第一时间送上水和茶点。

3. 验车登记

（1）基本信息采集

按照《汽车装潢接车记录单》中所列项目完成车牌号码、车型、车辆验收、里程数、油量、车主信息等基础数据的采集,见表 2-1-2。

表 2-1-2　汽车装潢接车记录单

顾客姓名		顾客电话		来店时间	
车牌号码		车　型		车身颜色	

车辆状况			
□门锁	□门窗升降	□行驶里程 _____ km	油量确认
□座椅	□左前		
□顶篷	□右前	□A/C	
□地毯	□左后	□左倒后镜	
□音响	□右后	□右倒后镜	
□储物箱　□无 □有　□行车执照　□汽车保险 □备注：其他物品（温馨提示：贵重物品请客户带走）			□故障灯　□亮　□不亮 □备注：其他警告灯

车辆外观	行李舱
	□随车工具 □千斤顶 □备胎 □危险警告架 □备注：其他物品（温馨提示：贵重物品请客户带走）

备注：1. □内打"√"表示正常，打"×"表示不正常。
　　　2. 车辆外观检查：△凹痕○刮花。
备注：其他情况说明

客户签名：	年　月　日
汽车改装技术服务师签名：	年　月　日

（2）环车检查

1）与客户一起进行环车检查的目的如下：

① 记录车辆以前的损伤情况，如有无刮擦等。

② 记录所有一级遗失或损坏的部件。

③ 检查车辆及各系统工作状况是否良好。

④ 提醒客户存放或带走车内的贵重物品。

⑤ 有效减少后期交车时可能产生的争议，避免造成对企业不利的索赔。

2）环车检查项目：环车检查必须按照一定的顺序进行，这样不仅可以避免检查时漏项，还可以避免围着车来回走动，提高了检查的效率。

各方位检查项目有所不同，见表 2-1-3。

表 2-1-3　各方位环车检查项目

检查方位	序号	检查项目	具体操作
驾驶舱	1	四件套	正确铺放四件套
	2	主驾安全带	检查有无裂纹、延展性和锁止性是否正常
	3	座椅调节	调节座椅位置，检查调节是否正常
	4	四门玻璃升降	调节玻璃升降，检查升降器是否正常
	5	后视镜	调节后视镜位置，检查调节是否灵敏、后视镜外观是否破损
	6	灯光照明控制	打开、关闭照明系统，检查控制是否正常及灯光照明是否正常
	7	刮水器控制	打开、关闭刮水器，检查控制是否正常
	8	空调系统	起动发动机，开、闭空调系统，检查控制是否正常
	9	里程数、存油量	记录里程数、存油量，并告知客户
	10	前排储物格	检查开闭是否正常，有无贵重物品，做好提醒工作
车辆左侧	1	左侧前、后车门	检查外观漆面是否有刮痕、撞击痕，能否正常开闭
	2	左侧前、后车轮	检查胎侧有无异样磨损，轮辋是否正常，气门嘴帽是否完好
	3	左侧尾部	检查外观漆面是否有刮痕、撞击痕
	4	左侧翼子板	检查外观漆面是否有刮痕、撞击痕
	5	VIN	记录 VIN
	6	刮水片	翻转刮水片，检查是否出现老化迹象
	7	左侧后视镜	调节后视镜，检查调节是否灵敏、外观是否破损
头部	1	发动机舱盖	检查外观漆面是否有刮痕、撞击痕，能否正常开闭
	2	前照灯	检查外观是否完好，内部是否有水蒸气
	3	前保险杠	检查外观漆面是否有刮痕、撞击痕
	4	蓄电池	检查电桩是否松动，指示灯是否显示正常
车辆右侧	1	右侧前、后车门	检查外观漆面是否有刮痕、撞击痕，能否正常开闭
	2	右侧前、后车轮	检查胎侧有无异样磨损，轮辋是否正常，气门嘴帽是否完好
	3	右侧翼子板	检查外观漆面是否有刮痕、撞击痕
	4	右侧尾部	检查外观漆面是否有刮痕、撞击痕
	5	右侧后视镜	调节后视镜，检查调节是否灵敏、外观是否破损
	6	油箱盖	旋转油箱盖，检查是否能正常开闭
车内后排	1	后排安全带	检查有无裂纹、延展性和锁止性是否正常
	2	储物格	检查开闭是否正常、有无贵重物品，做好提醒工作
	3	后排阅读灯	打开、关闭后排阅读灯，检查是否能够正常开闭
	4	后排中央扶手	检查有无贵重物品、是否能正常开闭
	5	后排座椅	检查外观是否完整、清洁
车辆尾部	1	后保险杠	检查外观漆面是否有刮痕、撞击痕
	2	行李舱盖	检查外观漆面是否有刮痕、撞击痕，能否正常开闭
	3	行李舱照明	检查是否能够正常开闭
	4	尾灯	检查外观是否完好，内部是否有水蒸气
	5	随车工具	找到随车工具，并检查是否齐全、功能是否完好

　　3）环车检查步骤：环车检查按照图 2-1-1 所示的六方位进行检查，既可以提高效率，又可以避免遗漏检查项目。

　　① 预约标识摆放完毕，邀请客户一同进行环车检查，并告知客户环车检查的

好处。

② 检查车辆左侧方位，包括车身外观、车轮、翼子板等，主要检查漆面、轮胎的花纹、钢圈表面、气门嘴帽等。

③ 铺放四件套，第一时间对客户车辆进行防护。对客户车辆的重视体现了对客户的关心和尊重，能够使客户感觉舒适。

在未使用四件套前（有些企业使用三件套或五件套），禁止任何工作人员进入客户车内，即使客户表示不需要，我们仍要表示出自己的工作态度和对客户车辆的重视程度。在驾驶客户车辆、开关车门、检查电器故障时，都要小心、轻柔，绝不可在与客户交谈时扒靠在车门、车辆上。

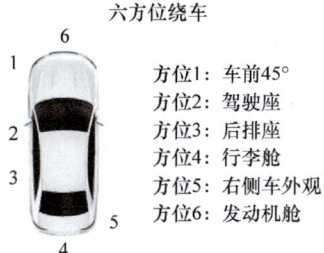

图2-1-1　环车检查示意图

④ 进入驾驶舱，进行驾驶舱方位检查，记录里程数和存油量，并告知客户服务完毕后，数据会产生少量变动；征得客户同意后，对发动机舱盖、油箱盖、行李舱进行解锁。

⑤ 检查车内后排方位，包括后玻璃升降、阅读灯、后排中央扶手、地图袋、后排安全带等。

⑥ 检查车辆尾部方位，包括外观、尾灯表面、后保险杠；征得客户同意后，打开行李舱盖，检查行李舱照明、随车工具、备胎。

⑦ 检查车辆右侧方位，包括车身外观、车轮和翼子板等，主要检查漆面、轮胎的花纹、钢圈表面，气门嘴帽等，检查要求与车辆左侧方位相同；进入前排乘客室，检查安全带、前排乘客座椅、前排乘客玻璃升降、前排乘客后视镜调节，在征得客户同意后，检查杂物箱，如有贵重物品，提醒客户带走。

⑧ 检查车辆头部方位，包括前照灯、前保险杠、发动机舱盖等；检查发动机内液量是否标准，在检查机油时，需拔出机油尺；检查管路是否老化和破漏。

⑨ 环车结束，将检查结果告知客户，并要求客户在环检表中确认签字。

 任务实施

1. 作业准备

 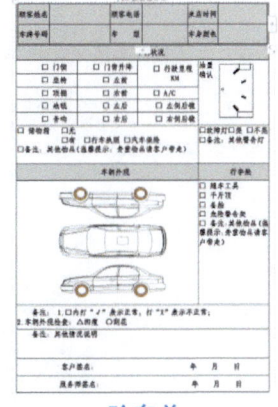  

车辆　　　　　　　　验车单　　　　　　　　四件套　　　　　　　　抹布

2. 实施过程

环车检查的方法如下。

（1）基本信息采集

按照《汽车装潢接车记录单》中所列的项目完成车牌号码、车型、车主信息等基础数据的采集。

注意：建议邀请车主一同参与（图 2-1-2）。

图 2-1-2　迎接车主并采集基本信息

（2）车辆左侧检查项目（图 2-1-3）

1）左侧前、后车门。

2）左侧前、后车轮。

3）左侧尾部。

4）左侧翼子板。

5）VIN。

6）刮水片。

7）左侧后视镜。

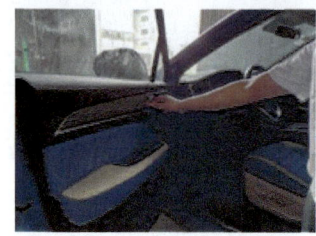

图 2-1-3　车辆左侧检查

（3）四件套（图 2-1-4）

正确铺放四件套，避免脏污。

（4）驾驶舱检查项目（图 2-1-5）

1）驾驶人安全带。

2）座椅调节。

图 2-1-4　四件套

3）四门玻璃升降。

4）后视镜。

5）灯光照明控制。

6）刮水器控制。

7）空调系统。

8）里程数、存油量。

9）前排储物格。

图 2-1-5　驾驶舱检查

（5）车辆后排检查项目（图 2-1-6）

1）后排安全带。

2）储物格。

3）后排阅读灯。

4）后排中央扶手。

5）后排座椅。

（6）车辆尾部检查项目（图 2-1-7）

1）后保险杠。

2）行李舱盖。

3）尾灯。

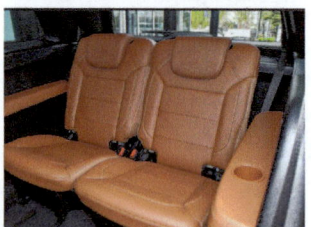

图 2-1-6　车辆后排检查

（7）行李舱检查项目（图 2-1-8）

1）行李舱照明。

2）随车工具。

3）备胎。

图 2-1-7　车辆尾部检查

4)危险警告标志。
(8)车辆右侧检查项目(图2-1-9)
1)右侧前、后车门。
2)右侧前、后车轮。
3)右侧翼。
4)右侧尾部。
5)右侧后视镜。
6)油箱盖。
(9)车辆头部检查项目(图2-1-10)
1)发动机舱盖。
2)前照灯。
3)前保险杠。
4)蓄电池。
(10)车主签字(图2-1-11)

图2-1-8　行李舱检查

图2-1-9　车辆右侧检查

图2-1-10　车辆头部检查

图2-1-11　车主签字

检查评价

环车检查评价表

检查方位	序号	检查项目	具体操作	分值	得分
迎接车主	1	基本信息	完成车牌号码、车型、车主信息等基础数据的采集	2	
车辆左侧	1	左侧前、后车门	检查外观漆面是否有刮痕、撞击痕,能否正常开闭	3	
	2	左侧前、后车轮	检查胎侧有无异样磨损、轮辋是否正常、气门嘴帽是否完好	3	
	3	左侧尾部	检查外观漆面是否有刮痕、撞击痕	2	
	4	左侧翼子板	检查外观漆面是否有刮痕、撞击痕	2	
	5	VIN	记录VIN	1	
	6	刮水片	翻转刮水片,检查是否出现老化迹象	1	
	7	左侧后视镜	调节后视镜,检查调节是否灵敏、外观是否破损	2	
驾驶舱	1	四件套	正确铺放四件套	4	
	2	主驾安全带	检查有无裂纹、延展性和锁止性是否正常	2	
	3	座椅调节	调节座椅位置,检查调节是否正常	2	
	4	四门玻璃升降	调节玻璃升降,检查升降器是否正常	4	
	5	后视镜	调节后视镜位置,检查调节是否灵敏、后视镜外观是否破损	2	
	6	灯光照明控制	打开、关闭照明系统,检查控制是否正常、灯光照明是否正常	2	
	7	刮水器控制	打开、关闭刮水器,检查控制是否正常	3	
	8	空调系统	起动发动机,开、闭空调系统,检查控制是否正常	4	
	9	里程数、存油量	记录里程数、存油量,并告知客户	3	
	10	前排储物格	检查开闭是否正常,有无贵重物品,做好提醒工作	3	

（续）

检查方位	序号	检查项目	具体操作	分值	得分
车内后排	1	后排安全带	检查有无裂纹、延展性和锁止性是否正常	2	
	2	储物格	检查开闭是否正常、有无贵重物品，做好提醒工作	2	
	3	后排阅读灯	打开、关闭后排阅读灯，检查是否能够正常开闭	2	
	4	后排中央扶手	检查有无贵重物品、是否能正常开闭	2	
	5	后排座椅	外观是否完整、清洁	2	
车辆尾部	1	后保险杠	检查外观漆面是否有刮痕、撞击痕	2	
	2	行李舱盖	检查外观漆面是否有刮痕、撞击痕，能否正常开闭	3	
	3	行李舱照明	检查是否能够正常开闭	2	
	4	尾灯	检查外观是否完好、内部是否有水蒸气	4	
	5	随车工具	找到随车工具，并检查是否齐全、功能是否完好	3	
	6	备胎	检查备胎使用情况、是否使用过	2	
	7	危险警告标志	找到危险警告三角架，并检查功能是否完好	2	
车辆右侧	1	右侧前、后车门	检查外观漆面是否有刮痕、撞击痕，能否正常开闭	3	
	2	右侧前、后车轮	检查胎侧有无异样磨损、轮辋是否正常、气门嘴帽是否完好	3	
	3	右侧翼子板	检查外观漆面是否有刮痕、撞击痕	2	
	4	右侧尾部	检查外观漆面是否有刮痕、撞击痕	2	
	5	右侧后视镜	调节后视镜，检查调节是否灵敏、外观是否破损	3	
	6	油箱盖	旋转油箱盖，检查是否能正常开闭	3	
头部	1	发动机舱盖	检查外观漆面是否有刮痕、撞击痕，能否正常开闭	3	
	2	前照灯	检查外观是否完好、内部是否有水蒸气	4	
	3	前保险杠	检查外观漆面是否有刮痕、撞击痕	2	
	4	蓄电池	检查电桩是否松动、指示灯是否显示正常	2	
总分				100	

任务三

座椅装潢

汽车内饰中，座椅的视觉面积非常大，其颜色的搭配对车内环境的建立起着非常重要的作用，出色的座椅装潢不仅提升了汽车的档次，同时也满足了消费者的个性化需求。

座椅的面套是指包覆在座椅外层的织物、真皮、人造革，这些不同风格、颜色、纹理的面料，使得座椅体现出个性化的外观和良好的触感，为座椅提供美观和令人愉悦的包覆。

轿车座椅装潢效果图

商务车座椅装潢效果图

学习情境一　缝纫机使用

 情境描述

缝纫机（图3-1-1）的发明，使制造商能够以更低的费用生产大批高质量的缝制品。缝纫机在汽车座椅装潢过程主要用于皮料缝棉、缝边、拼接、压明线等。

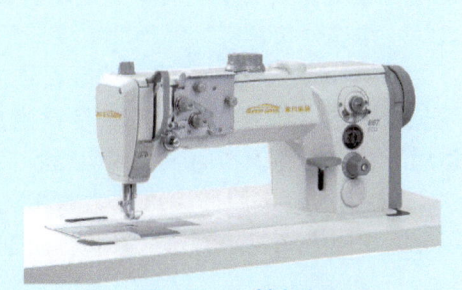
图3-1-1　缝纫机

 **学习目标**

知识目标：

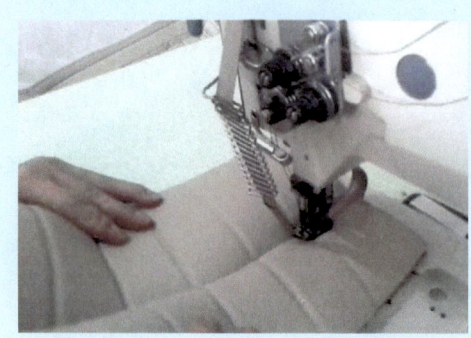

图 3-1-2　缝制过程示意图

1. 知道缝纫机的技术发展及功用。
2. 知道缝纫机的结构及基本工作原理。
3. 知道缝线的工艺标准。

技能目标：

1. 能对缝纫机进行正确穿线。
2. 能正确操作和保养缝纫机。
3. 能正确完成面套制作的直线、弧线的缝制和拼接（图3-1-2）。

职业素养目标：

1. 具有工程质量观念、企业效益观念，具有安全意识、责任意识、环保意识、成本意识等工程素养。
2. 具有科学的认知理念、勇于实践的工作作风、较强的创新能力。

 相关知识

缝纫机组成及工作原理

学习知识1　缝纫机认知

缝纫机是用一根或多根缝纫线，在缝料上形成一种或多种线迹，使一层或多层缝料交织或缝合起来的机器。

缝纫机能缝制棉、麻、丝、毛、人造纤维等织物和皮革、塑料、纸张等制品，缝出的线迹整齐美观、平整牢固，缝纫速度快、使用简便，并由之衍生出手推绣和电脑刺绣等艺术形式。

1. 缝纫机分类

缝纫机的分类方法很多，比较普遍的是按线迹和用途区分。

1）缝纫机的线迹可归纳为锁式线迹和链式线迹两类。

① 锁式线迹最为常见，由两根缝线组成，像搓绳那样相互交织起来，其交织点在缝料中间。从线迹的横截面看，两缝线像两把锁相互锁住一样，因而称为锁式线迹。这种线迹用在收缩率小的棉、毛织物或皮革等缝料，正面和反面形状相同，如同一条虚线。线迹分布密实，缝纫的牢度一般超过手工缝纫。

② 链式线迹是由缝线的线环自连或互连而成，常用的有单线链式、双线链式和三线包缝线迹。这种线迹的特点是线迹富有弹性，能随缝料一起伸缩而不会崩断缝线，适用于线制弹性织物的服装或包缝容易松散的制品和衣坯等。

2）缝纫机按照用途可分为家用、工业用、服务性行业用机器，按驱动形式还可以分为手摇缝纫机、脚踏缝纫机、电动缝纫机。

2. 缝纫机组成

缝纫机的种类虽然很多，但基本的结构是相同的，都由机头、机座、动力部分及附件等组成。

1）机头是缝纫机的主要部分。它由刺料、钩线、挑线、送料四个机构和绕线、压料、落牙等辅助机构组成，各机构的运动合理地配合，循环工作，把面料缝合起来。

2）机座分为台板和机箱两种形式。台板式机座的台板起着支承机头的作用，缝纫操作时当作工作台用。台板有多种式样，有一斗或多斗摺藏式、柜式、写字台式等。机箱式机座的机箱起着支承和储藏机头的作用，使缝纫机便于携带和保管。

3）缝纫机的传动部分由机架、手摇器或电动机等部件构成。机架是机器的支柱，支承着台板和脚踏板。使用时操作者踩动脚踏板，通过曲柄带动带轮旋转，又通过传动带带动机头旋转。手摇器或电动机多数直接装在机头上。

4）缝纫机的附件包括机针、梭芯、螺钉旋具、油壶等。

学习知识 2　平缝纫机认知

平缝纫机简称平缝机，也叫平车或单针平缝机，是一种利用针、梭两根缝线形成锁式线迹的工业用缝纫机，可在缝料的正、反面形成外观相同的呈虚线状直线的线迹。

1. 平缝机的类型

1）按工作速度分：有低速（2000 针/min 以下）、中速（2000~4000 针/min）、高速（4000 针/min 以上）平缝机。

2）按机针数量分：有单针、双针平缝机。

3）按送料方式分：有针送式、差送式综合送料式等平缝机，分别适合不同缝料的加工要求。

4）按操作方式分：有手动、自动平缝机。

2. 平缝机机构

平缝机种类繁多，加上各种先进技术的应用，使得其结构更加精密，功能更加完善，使用更加方便，但其基本的结构和原理是相通的，如图 3-1-3 所示。

图 3-1-3　缝纫机机构示意图

学习知识 3　缝纫相关附件

1. 缝纫线

（1）作用

缝纫线（图 3-1-4）的作用一是缝制面料，二是装饰美观。

（2）分类

常用的缝纫线有尼龙线、棉线、涤纶线三种。

尼龙线由尼龙材质纱线捻合而成，具有一定拉伸力、拉力较强、有光泽、耐高温、高速，主要适用于皮革类缝纫。

棉线是指用棉花纤维搓纺而成的细长可以任意弯折的线，具有耐热性、耐碱性、吸湿性、保湿性、承受拉伸力和拉力较差的特点，主要适用于车身安全气囊位置的缝纫。

图 3-1-4　缝纫线示意图

涤纶线在各类缝线中的应用仅次于尼龙线，居第二位，而且湿态时不会降低强度，因此缝制的线迹能始终保持平挺美观、无皱缩，有良好的耐高温、耐低温、耐光性和耐水性。涤纶线是使用极为广泛的品种，在不少场合，取代了棉线。涤纶线用途广泛，既可用于棉织物、化纤织物与混纺织物的缝制，也可用于缝针织外衣，特制的涤纶线还是鞋帽皮革行业的优良用线。

有些汽车真皮座椅采用的是两块不同的皮料，在缝制的时候采用了明线和暗线两种手法，双保险可以保证不会出现开线的尴尬。有些座椅上还使用了蜡线，起到装饰作用。

（3）规格

缝纫线有 3~9 股线，汽车内饰缝纫常用的是 4 股线和 6 股线，真皮座椅常用 3 股线。缝线时的标准见表 3-1-1，线距过密会造成缝纫不美观，过疏则造成缝合强度不够。

表 3-1-1　缝纫线标准

项目	标准
面料拼接	平直、平整，无皱缩、无浮点、无松浮
缝线针距	单/双明线针距 10mm 内 ≥ 2 针，起止部位回针 ≥ 3 针
直线缝纫	上下两层面料起始点要对齐，缝隙宽窄一致，面料要平整，线迹松紧匀称、美观，不松线、不跳线、不起珠、不起毛、不重线
弧线缝纫	折边缝位 10mm，走线缝位 7mm。折边均匀，不能有弯曲、细微皱缩现象。缝制后平整，过渡应平滑，线迹匀称，不松线，不抛线

2. 机针

机针（图 3-1-5）又称缝针、车针，是缝纫机的重要组成附件，机针的品种仅国产的就有几百种。缝制过程中，为了达到机针与缝料、缝线的理想配合，必须选择合适的机针。

机针的类型由缝纫机型号规格和缝制面料的材料性质来决定。机器的工作性质决定着机针的选用，不同性质的机器要配备不同型号规格的机针。不论哪种型号的机器，缝制过程中都要根据缝料的性质和厚薄选好机针的规格，即针号。

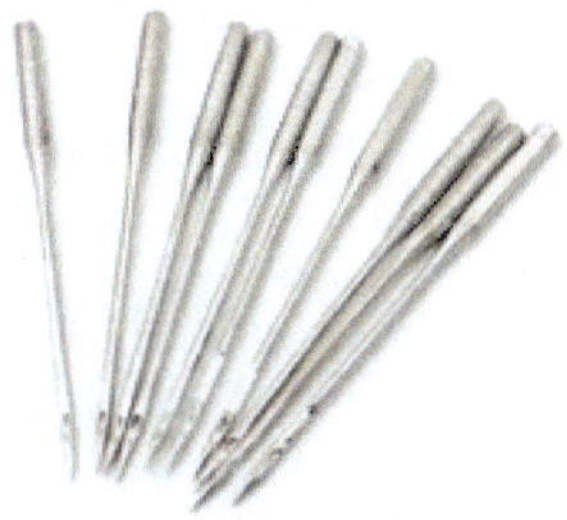

皮革针尖的选择，须取决于线迹的种类、针迹密度、缝制物的重量和种类等各项因素，常见的有横切刀型、直切刀型、左斜刀型、右斜刀型、三角型与方型六种，目的是增加机针强度，取得良好的缝纫效果。

机针按针杆粗细用号数表示，但与手针相反。机针的号数越小，针就越细，号数越大，针就越粗。由于缝纫机的种类和型号很多，机针各有不同。为了区别各缝纫机的用针，各种机针在号数前都有一个型号，以表示该机针所适应的缝纫机种类。汽车内饰缝制多用 16、18、19、21 号机针。

图 3-1-5　机针示意图

3. 镊子

镊子又称镊子钳，如图 3-1-6 所示，是缝纫的辅助工具。可用于包缝机穿线，也可用于缝纫时拔取线头或疏松缝线，主要是钢制，要求镊口密合，无错位且弹性好。

4. 锥子

锥子是缝纫时辅助工具，如图 3-1-7 所示，主要用于拆除缝合线，要求头尖，装有木柄或塑料柄，以便拿取方便。

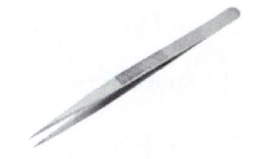

图 3-1-6　镊子示意图

图 3-1-7　锥子示意图

缝纫机操作

学习知识 4　缝纫机操作

1. 机针安装

先转动机轮使针杆升到最高位置（图 3-1-8），然后用螺钉旋具逆时针旋松装针螺钉，如图 3-1-9 所示，将线槽朝向左面，把针柄插入针杆下部的装针孔内，使机针顶到头，再顺时针拧紧装针螺钉，如图 3-1-10 所示。

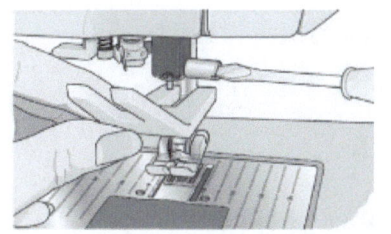

图 3-1-8　机针安装示意图

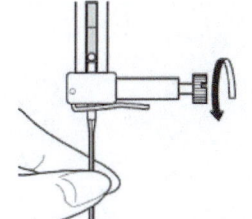

图 3-1-9　旋出机针示意图

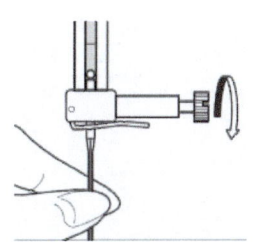

图 3-1-10　旋紧机针示意图

2. 面线安装

在单针机型起动时按如下方法穿针线，如图 3-1-11 所示。

1）针线从后向前穿过过线 1 的左侧孔眼。

2）针线以波浪状穿过第 2 个过线 9 的 3 个孔眼：先从上向下穿过右侧孔眼，然后从下向上穿过中间孔眼，再从上向下穿过左侧孔眼。

3）穿引针线顺时针绕过预紧夹线器 8。

4）穿引针线逆时针绕过附加夹线器 7。

5）穿引针线顺时针绕过主夹线器 6。

6）针线穿过过线 5 至夹线弹簧 4。

7）连带针线抬起夹线杆 3。

8）针线拉到弹簧尖 2 下方。

9）针线穿引到线钩 10 下方。

10）针线从下向上穿过针线调线器上的孔眼。

11）针线从右向左穿过挑线杆。

12）针线穿过上部过线杆带电子夹线器的机器。

13）针线穿过电子夹线器上方过线的右侧孔眼。

14）针线穿过电子夹线器下方过线的右侧孔眼。

15）针线从左推入电子夹线器使针线停留在夹线器钩中。针线应几乎以非接触式穿过夹线器，仅与电子夹线器上方和下方的过线相接触。

16）针线穿过针杆上的过线。

17）针线穿过针孔，使缝线线头指向旋梭，并引出 100mm 左右的线备用。

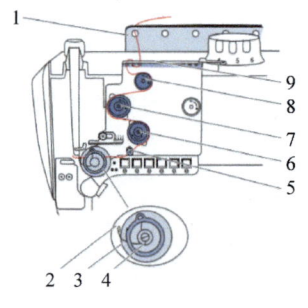
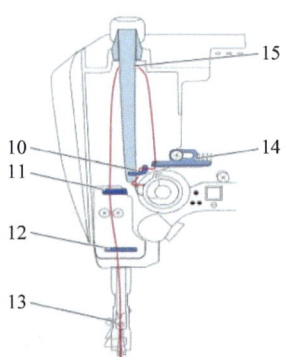

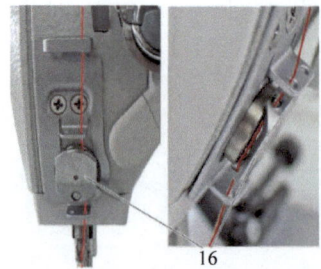

图 3-1-11　面线安装示意图

1、5、9—过线　2—弹簧尖　3—夹线杆　4—夹线弹簧　6—主夹线器　7—附加夹线器　8—预紧夹线器　10—线钩　11—上部过线杆　12—下部过线杆过线　13—针线　14—调线器　15—挑线杆　16—针杆

3. 梭芯线

运用平缝机绕梭芯线的步骤如图 3-1-12 所示。

1）适当输送梭芯线。

2）梭芯线以波浪状穿过过线 2 的 3 个孔眼：从上向下穿过左侧孔眼，从下向上穿过中间孔眼，从上向下穿过右侧孔眼。

3）梭芯线逆时针绕过预紧夹线器 3。

4）梭芯线以波浪状穿过过线 1 的 2 个孔眼：从下向上穿过左侧孔眼，从上向下穿过右侧孔眼。

5）梭芯线穿引至绕线器 4。

6）梭芯线夹持在割线刀 7 后方并割断其后的线头。

7）梭芯插到绕线器轴 6 上。

8）顺时针转动梭芯，直至听到其卡止。

9）向上拉起满线跳板 5。

10）接通机器电源。

11）向前踩下踏板。机器开始缝纫，同时将梭芯线从线团绕到梭芯上。当梭芯被绕满时，机器自动停止绕线。满线跳板 5 向下退回。割线刀 7 自动移至垂直的初始位置。

12）从绕线器轴 6 上取下底线已绕满的梭芯。

13）割断割线刀 7 后面的缝线。现在可将底线已绕满的梭芯放入旋梭。

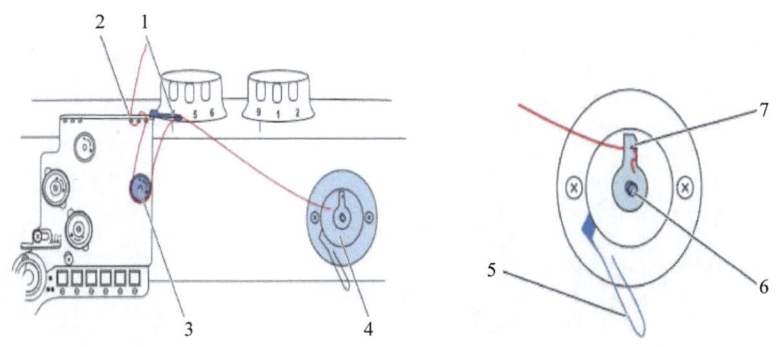

图 3-1-12　绕梭芯线示意图

1、2—过线　3—预紧夹线器　4—绕线器　5—满线跳板　6—绕线器轴　7—割线刀

4. 更换梭芯

更换梭芯的步骤如图 3-1-13 所示。

1）竖起梭芯套锁扣 6。

2）取出空梭芯 5。

3）放入底线已绕满的梭芯 5。

注意： 放入梭芯时，使梭芯在抽出缝线时与旋梭做相反运动。

4）将梭芯线穿过梭芯套上的穿线口 4。

5）将梭芯线拉到张力弹簧 3 下方。

6）将梭芯线穿过穿线口 1 并拉出约 3cm。

7）闭合梭芯套锁扣 6。

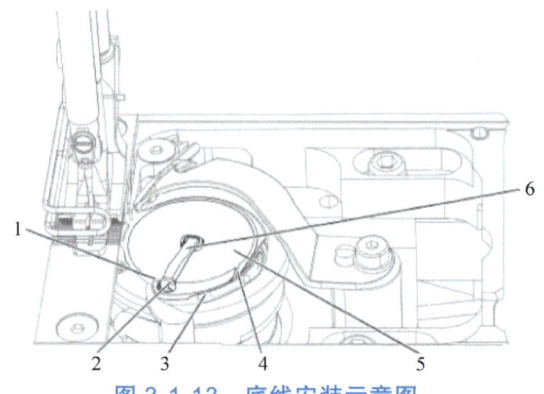

图 3-1-13 底线安装示意图

1—穿线口　2—导向件　3—张力弹簧　4—穿线口　5—梭芯　6—梭芯套锁扣

5. 送料方向调节

按下机头右侧倒送扳手，可改变送料的方向，如图 3-1-14 所示。

6. 针距调节

机头右侧有专用的针距调节旋钮，如图 3-1-15 所示，旋钮上有数值显示，数值大针距大，数值小针距小。

向逆时针方向旋动，针距变密，到缝薄料的位置上；向顺时针方向旋动旋钮，针距变疏，到缝厚料的位置。

图 3-1-14 送料方向调节

图 3-1-15 针距调节旋钮

7. 缝线松紧调节

（1）梭芯线松紧调节

从梭床中取出梭芯套，用螺钉旋具旋动梭芯套外的梭皮螺钉，如图 3-1-16 所示。将梭皮螺钉向逆时针方向旋动，压力减小，底线就松；向顺时针方向旋动，压力加大，底线就紧。

（2）面线松紧调节

调完底线松紧后，利用机头右上侧的面线调整旋钮（图 3-1-17）调节面线松紧，向右旋增加面线张紧力，向左旋减小张紧力。

图 3-1-16　梭芯线松紧调节螺母

图 3-1-17　面线松紧调节旋钮

8. 压脚压力调节

根据缝料性质决定压脚压力的大小。当缝纫粗厚或者多层缝料时，压力要大一些；缝纫软薄的缝料时则压力应较小。缝纫一般面料，也就是大多数面料的时候，压脚压力的大小应该处于中间的位置。

压脚压力的大小是通过压杆顶上的旋钮压住弹簧的松紧来调节的，如图 3-1-18 所示。旋松压杆顶部的固定螺钉，逆时针旋动减小压力，用来缝制薄面料；顺时针旋动加大压力，用来缝制厚面料。调整完后旋紧固定螺钉。

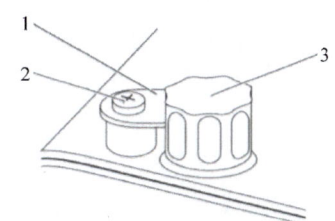

图 3-1-18　压脚压力调节旋钮

1—锁定元件　2—螺钉　3—调节轮

学习知识 5　缝纫机保养

要想缝纫机使用寿命延长，长期保持运转正常、噪声小的良好工作状态，除了正确使用之外，还必须注意保养，否则时间长了，就会产生积垢，使用起来机声嘈杂、磨损加快，甚至影响机器的性能。因此使用缝纫机时，除了必须掌握正确使用方法之外，经常坚持保养工作也是非常重要的。

缝纫机的日常保养主要有两类工作：一是清洁，二是注油。这两类工作需要和使用结合起来，并把它当成使用中不可缺少的工作。

要根据缝纫机的使用情况决定清理时间，连续使用的缝纫机，每天清理一次；断续使用的缝纫机，5~6 天清理一次。

清理缝纫机的操作方法：

1）清洁前要关闭电源，取下机针、压脚，压脚抬至最高位置，然后用螺钉旋具拧松针板螺钉。

2）先把梭芯和梭芯座拿下。

3）用刷子清洁梭芯座。

4）用刷子清洁送布牙、梭床以及周围部分。

5）用干软布料清洁梭床。

6）放入梭芯座，放上针板，拧紧螺钉，然后在梭床上由小圆孔注一两滴油即可（要用家用缝纫机润滑油）。

学习知识 6　缝制标准

编写团队将深入各改装厂多年的摸索结合内饰改装师傅十多年的实战经验对汽车真皮内饰的缝制制定了以下技术标准。

1. 暗缝缝制标准

1）附海棉裁片，用针≤18号圆针（格罗茨/钛针 DP×17）。
2）无海棉裁片，用针≤16号圆针（格罗茨/钛针 DP×17）。
3）针的使用周期，有效作业工时≤40h（根据材质对钛针针尖磨损程度定）。
4）用线：30号邦迪尼龙线。
5）针距：10mm 内≥2.5 针。
6）起止部位回针≥3针，并且回针在同一针孔内。
7）安装受力部位缝线回针成 N 字形。
8）缝位 10mm±1mm，特殊工艺部位可自行设定。
9）对位缝制：按缝制对位剪口正确对位接片。
10）折皱匀称、对等、角度相同（禁止死皱、斜皱，或一侧有皱一侧无皱）。
11）合缝平整，几何尺寸相同，线条流畅。
12）线迹匀称，不松线，不抛线。

2. 气囊部位缝制（内置气囊）标准

1）我国主要主机厂生产用气囊专用爆裂缝线是由广州高士企业生产的，建议使用高士生产的爆裂缝线。
2）气囊缝位用线：面线 40 号，底线 80 号，同色爆裂缝专用线，综合拉力值≤461N。
3）气囊部位缝位拉力值≤480N，安全气囊缝制部位技术检测指标以拉力测试作为主要方法，数据是根据世界上主流汽车厂家生产的原车皮套（含绒布套）安全气囊部位拉力值的测试的结果，得出综合拉力值（在 420~580N 之间），所以行业标准设定为 480N。
4）气囊部位要标示 AIRBA（布标、塑料扣、压印技术）警示标记。
5）用针≤16号圆针（格罗茨/钛针 DP×17），针距 10mm 内≥2.5 针。
6）起止部位回针≥3针，并且回针在同一针孔内。
7）线迹匀称，不松线，不抛线。
8）压双明线要劈缝缝制，压双明线垫底布后要进行破垫布处理。
9）压单明线要劈缝缝制，禁止倒缝缝制。
10）因不同材料的延伸性不一样，需增加气囊布保证拉力值标准。
11）气囊真皮椅套实物抽检，每一季度不低于一次实物现场测试检测。

注意：曾出现气囊未按正常轨道方向爆出保护乘客的案例，其拉力值均在 1100N 以上。缝线原因、材料延伸性、双明线垫布未开缝处理、单明线倒缝导致拉力值增加，需要引起重视。

3. 折边缝制标准

1）折边缝位 10mm，走线缝位 7mm。
2）弧形（内弧）折边部位，折边内弧缝制位用剪刀打深度 7mm 剪口，间距

15~25mm。

3）弧形（外弧）折边部位，折边外弧缝制位用剪刀裁剪并去除 7mm×7mm×5mm（底边）的等腰三角形，防止缝制时挤压起皱，根据弧度大小不同，可去除数量也不同，一般间距为 15~25mm 去除一个。

4）线迹匀称，不松线，不抛线。

5）折边均匀，缝制后平整。

4. 胶卡条缝制标准

1）用针≤21号圆针（格罗茨/钛针DP×17），针距10mm内2针。

2）起止部位回针≥3针，并N字形回针。

3）胶卡条的二次利用或生产缝制不当需要二次缝制，必须重复原针孔，否则胶卡条应报废处理。

5. 布条的规格及缝制标准

1）布条是指压双针装饰线缝制底布加衬布条，衬布条的规格以实际针距需求进行剪裁。内衬布条的作用是稳定线迹，防止过松包覆导致裂线露底，影响美观。规格如下：若采用0.6针距，布条规格为10mm宽；若采用0.8针距，布条规格为12mm宽。

2）布条缝制位为10mm，要有明确的缝位标示线。

3）布条材质以棉料、绵纶为主材料。

4）布条延伸率≤6%。

5）布条规格以相关车型要求制订。

6）面中片布条袋（安装座椅内置铁丝作用）两端预留15mm，目的在于不影响座椅胎棉竖向固定槽间隙。

7）布条缝制方向以工艺标准要求规定。

8）两块相邻的拼接面料（直线拼接），要在对好位置的基础上，离两头四分之一处修剪出两个3mm×3mm的直角三角形，其目的是为了拼缝两面片时位置对称，不出现错位。如果是有弧度的拼接，则根据弧度的大小修剪出若干个3mm×3mm来找对称位置。

6. 单/双明线标准

1）明线的颜色与皮面颜色相吻合，配色例外。

2）明线用线规格为20号邦迪尼龙线。

3）单/双明线用针≤21号刀针。

注意：刀针的针迹为斜针迹，比较美观；但双针存在客观问题，双针要使用正反方向刀针（即正刀针和反刀针），否则会出现两个针迹不一样的情况，目前市场上刀针是同一方向的。生产用线由3股组成，均朝着一个方向拧成，而双针的旋梭是向两个方向挑线，故其中一个线迹会松，一个线迹会紧。

4）单/双明线针距10mm内≥2针。

5）针的使用周期：有效作业工时≤40h（根据材质对钛针针尖磨损程度定）。

6）起止部位回针≥3针，并且回针在同一针孔内，对不能回针部位，将线头拉到反面手工打结。

7）双明线间距规格3/8in（9.53mm）；中分为1.5/8in（4.76mm）。

8）单线到缝合线间距 5mm。

9）线迹松紧匀称、美观，不松线、不跳线、不起珠、不起毛、不重线。

10）所有双线缝制之处，皮下都要加垫布，安全气囊部位将垫布破缝，方便气囊弹出。

11）明线先剪面线，而后将面线线头拉到反面后再剪底线。

12）压双明线对双明线部位，需对缝位进行铲边处理。梭床的损耗和压脚压力、压脚不同步都会影响线迹，注意保养与调配。

任务实施

1. 作业准备

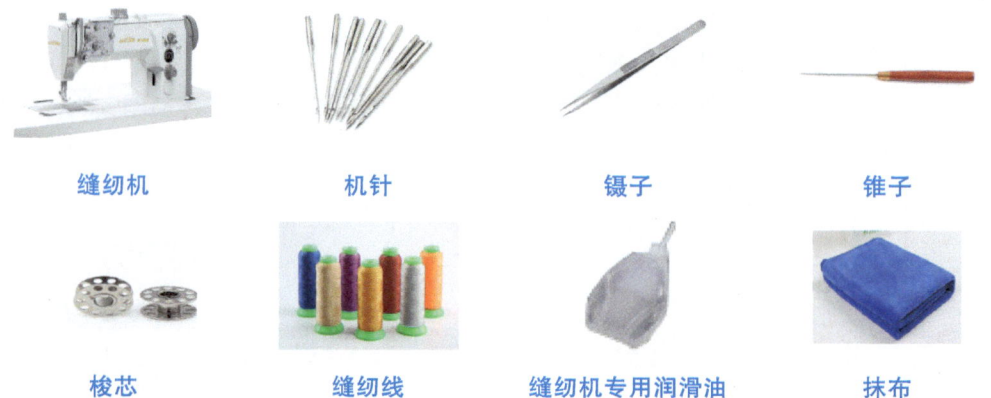

| 缝纫机 | 机针 | 镊子 | 锥子 |

| 梭芯 | 缝纫线 | 缝纫机专用润滑油 | 抹布 |

2. 实施过程

（1）机针安装（图 3-1-19）

1）先转动机轮使针杆升到最高位置。

2）用螺钉旋具逆时针旋松装针螺钉，将线槽朝向左面。

3）把针柄插入针杆下部的装针孔内。

4）使机针顶到头。

5）顺时针拧紧装机针螺钉。

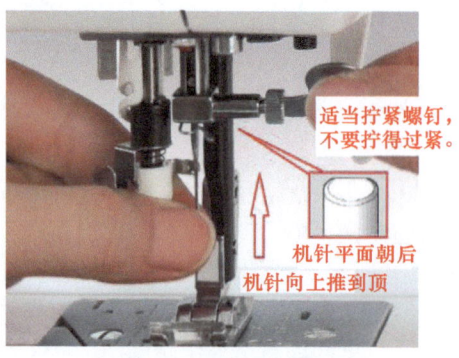

图 3-1-19　机针安装

（2）面线安装（图 3-1-20）

1）将线团放入插线钉。

2）拨动上轮,升高针杆。

3）将面线引入一个或高或低或竖或横的挂线钩,目的是把线从线团上抽离。

4）将面线向下套入带弹簧的夹线器,目的是当机针扎下去时弹簧夹紧,机针升上来时弹簧放松,以调节面线张力。

5）勾入挑线簧,挑线簧弹力极好,上拉下弯都不会让面线过松;经过缓线调节钩向上勾进右线钩。

6）穿过挑线杆的线孔,向下进入左线钩,经过过线孔,再经过针杆过线孔,目的是让面线垂直稳定送入针孔。

7）将面线从左向右穿过机针的针孔,并引出100mm左右的线备用。

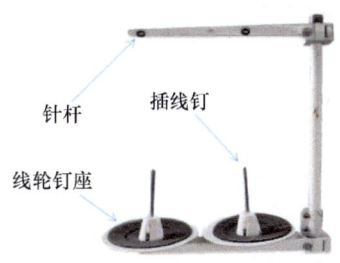

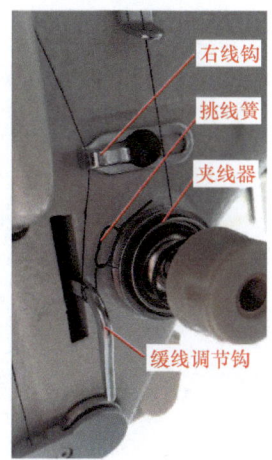
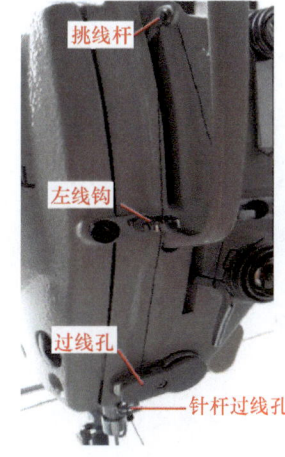

图 3-1-20　缝纫机面线安装

（3）绕梭芯线（图 3-1-21）

1）将梭芯插在绕线器轴上。

2）梭芯线以波浪状穿过过线2的3个孔眼。

3）梭芯线逆时针绕过预紧夹线器3。

4）梭芯线以波浪状穿过过线1的2个孔眼。

5）梭芯线穿引至绕线器4。

注意：梭芯线不能过满，否则容易散落。适当的线量应该是平行绕线到梭芯外径的 80%。

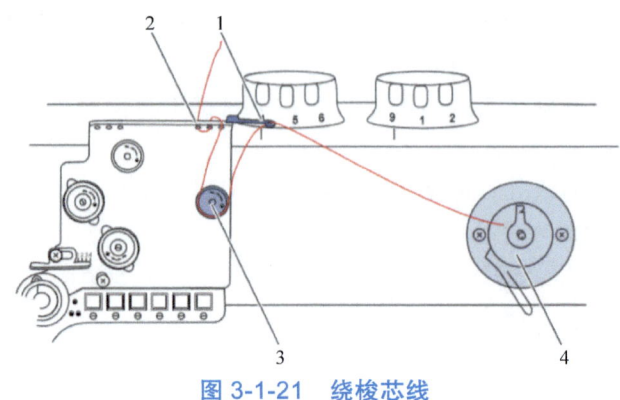

图 3-1-21　绕梭芯线

1、2—过线　3—预紧夹线器　4—绕线器

（4）梭芯线安装（图 3-1-22）

1）将梭芯装入梭芯套，装入时应拉出线头用手捏住，并注意梭芯的方向。

2）将线头嵌入梭芯套的缺口内，滑过梭芯套底，从梭芯套叉口处拉出，然后装入梭床。

3）梭芯装完后，升起压脚，将针杆向下运动，用面线将底线勾出，引出底线 ≥ 100mm。

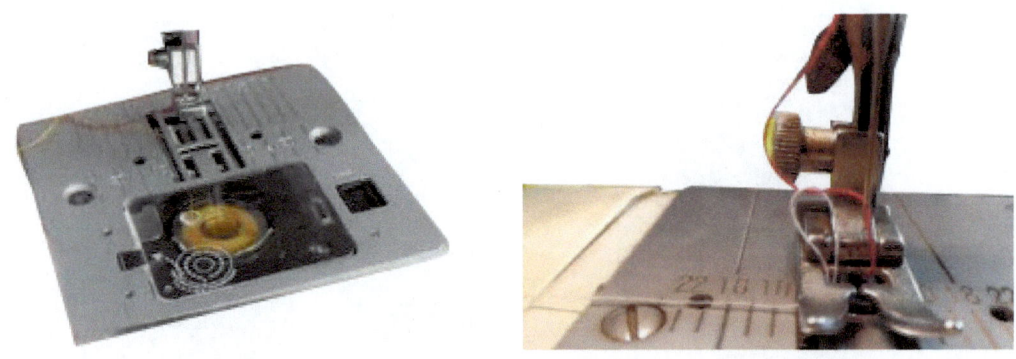

图 3-1-22　梭芯线安装

（5）调节针距（图 3-1-23）

机头右侧有专用的针距调节旋钮，旋钮有数值显示，数值大针距大；数值小针距小。

向逆时针方向旋动，针距变密，可对薄料进行缝制；向顺时针方向旋动旋钮，针距变疏，可对厚料进行缝制。

（6）调节压脚压力（图 3-1-24）

旋松压杆顶部的固定螺钉，逆时针旋动减小压力，用来缝制薄面料。顺时针旋动加大压力，用来缝制厚面料。调整完后旋紧固定螺钉。

缝制薄面料——压力弱；缝制厚面料——压力强。

图 3-1-23　调节针距

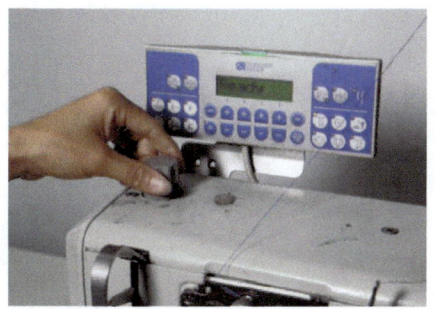

图 3-1-24　调节压脚压力

（7）直线练习（图 3-1-25）

要求：折边缝位 10mm，走线缝位 7mm。

标准：

1）单明线针距 10mm 内 ≥ 2 针。

2）起止部位回针 ≥ 3 针。

3）线迹松紧匀称，不松线、不跳线、不起毛、不重线。

（8）弧线练习（图 3-1-26）

1）要求

① 折边缝位 10mm，走线缝位 7mm。

② 弧形（内弧）折边部位，缝制位用剪刀打深度为 7mm 剪口，间距 15~25mm。

③ 弧形（外弧）折边部位，折边外弧缝制位用剪刀裁剪并去除 7mm×7mm×5mm（底边）的等腰三角形，防止缝制时挤压起皱，根据弧度大小不同，可去除数量也不同，一般剪口，间距为 15~25mm 去除一个。

2）标准：折边均匀，不能有弯曲、细微皱缩现象。缝制后平整，过渡应平滑，线迹匀称，不松线，不抛线。

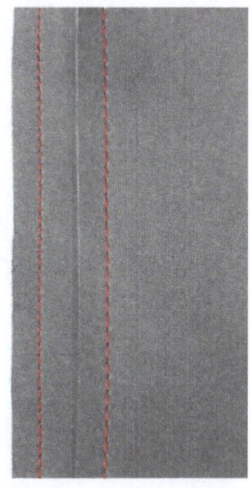

图 3-1-25　直线练习

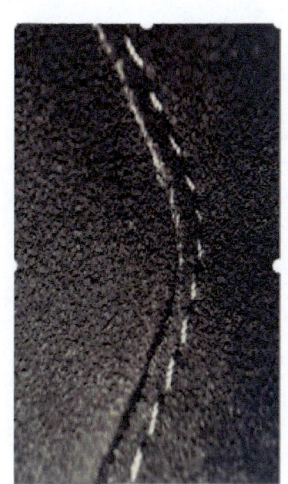

图 3-1-26　弧线练习

（9）压双线练习（图 3-1-27）

1）要求：拼接面料进行压双线处理。

2）标准

① 双明线针距 10mm 内 ≥ 2 针。

② 双明线规格 3/8in。

③ 单明线宽度 ≤ 5mm。

④ 线迹松紧匀称、美观，不松线、不跳线、不起珠、不起毛、不重线。

图 3-1-27　压双线练习

检查评价

缝纫施工质控表

缝纫机型号				施工员		
缝纫施工任务						
穿线练习	正确绕底线	□是　□否	正确穿面线	□是　□否		其他要求
	正确安装梭芯	□是　□否	正确拆装梭壳	□是　□否		
直线练习部分	辑线顺直	□是　□否	缝份宽窄一致	□是　□否		
	布块正面平直	□是　□否	1cm 缝纫几针		针	
弧线练习部分	线迹圆顺	□是　□否	边距均匀	□是　□否		
	转角布块平直	□是　□否	针孔均匀	□是　□否		
双针压线练习	双线平行规整	□是　□否	过渡圆顺	□是　□否		
	手、脚、眼配合情况					
机器保养	是否清洁	□是　□否	是否注油	□是　□否		

缝纫施工互评表

缝纫机型号		施工员		
缝纫施工任务				
考核内容	评分标准		配分	得分
穿线练习（32分）	正确穿面线，并将缝线从左向右穿过机针的针孔，引出100mm左右的线备用		8	
	正确安装并绕好底线备用		8	
	梭芯、梭壳能正确拆装，并会引出100mm的底线备用		8	
	会调节针距和缝线的松紧		8	
直线练习部分（24分）	上下两层布块起始点要对齐，目视缝线直线度好		8	
	布块正面要平直、平整，无皱缩、无松浮		8	
	单明线针距10mm内≥2针		8	
弧线练习部分（24分）	不能有弯曲、细微皱缩现象，过渡应平滑		8	
	布块正面要平直、平整，无皱缩、无松浮		8	
	单明线针距10mm内≥2针		8	
双针压线练习（16分）	双线平行规整		8	
	双线无松浮、褶皱		8	
设备保养（4分）	缝纫机清洁、注油等常规保养		4	
总分			100	

学习情境二　座椅套制作

情境描述

改装汽车座椅是汽车升级项目中最简单而又最见效果的一种方式，能弥补车厂因市场差异化而带来的功能缺憾。座椅线条和座椅装潢效果图分别如图 3-2-1 和图 3-2-2 所示。

图 3-2-1　座椅线条

图 3-2-2　座椅装潢效果图

学习目标

知识目标：
1. 知道汽车座椅装潢的面料分类和辨别方法。
2. 知道座椅套制版和裁剪工艺。
3. 知道座椅套制版过程中的命名和标记方法。

技能目标：
1. 能正确完成座椅套的标记和拆解。
2. 能正确完成座椅套装潢的制版和裁剪。
3. 能正确安装并完成座椅装潢施工。

职业素养目标：
1. 具有工程质量观念、企业效益观念，具有安全意识、责任意识、环保意识、成本意识等工程素养。
2. 具有科学的认知理念、勇于实践的工作作风、较强的创新能力。

相关知识

汽车座椅及座椅面料介绍

学习知识 1　汽车座椅

1. 汽车座椅

汽车座椅作为汽车内饰件的重要组成部分，是与车内乘员接触最为密切的部件。汽车座椅主要由座垫、靠背、侧背支撑和头枕等组成。

乘用车座椅一般具有一定的表面形状，其中座面和靠背的外形曲线应与人体放松状态下的背部曲线相吻合，乘员入座后的座椅形状及体压分布应使乘员的肌肉处于放松的状态，并能支撑起乘员的腰椎部位，使得乘员长时间乘坐也不会感到疲劳。通过对座椅的前后上下、靠背的倾斜角度、头枕前后上下等位置的有限调节，可以使大部分人处于舒适状态。随着汽车消费的日益普及，人们对汽车座椅的舒适性、视觉享受等的要求也逐步提高。

2. 汽车座椅的种类

汽车座椅可按形状、功能、乘坐人数、饰面材料等进行分类，见表3-2-1。

表 3-2-1　座椅种类

分类	类别	
按形状分	分开式座椅	半分开式座椅
		斗式座椅
	长座椅	
按功能分	固定式座椅	
	可卸式座椅	
	调节式座椅	
	儿童安全座椅	
	赛（跑）车座椅	
按人数分	单人座椅	
	多人座椅	
按饰面材料分	真皮座椅	
	仿真皮座椅	
	人造革座椅	
	布料座椅	
	短毛绒织物座椅	

3. 汽车座椅装潢条件

1）座椅套侧面气囊位置包覆时，要用特制缝纫线缝制，比如参考北美标准30、75号线。

2）由于座椅是支撑人体的部件，因此装潢后要确保安全，必须满足各种标准和法规（形状、尺寸、强度等）的要求。

3）装潢中要适当选用座椅弹簧和衬垫材料，采用座椅调节装置和靠背倾斜调节装置调节座椅的高度和前后位置，使其功能合理化。

4）座椅座垫面必须可靠地承受入座人体的坐骨骨节，座椅靠背必须能承受制动踏板的反作用力，靠背应使长时间的前弯姿势不会疲劳。

5）座垫倾斜角可以调节，能调节人体下肢角度。

6）从制动踏板和离合器踏板到座椅的距离，应使双脚将踏板踩到底的移动距离和角度不得有较大的改变。

学习知识2　座椅面料

1. 面料分类

汽车座椅面料一般分为真皮面料、人造皮革和纺织材料三大类。

（1）真皮面料

真皮，是指鞣制处理的动物皮肤，是一种服装和工艺材料。真皮是最高档的座椅面料，特别是羔羊皮、小牛皮，已成为高贵奢华座椅面料的象征。真皮座椅手感出众，光滑柔软有弹性，传热较快，而且有阻燃性能好、养护简单易修复的优点。

真皮材料的处理过程是以全层皮为改装基准，牛皮分为四个部位，如图3-2-3所示，即头部、颈肩部、背部、腹部。制作内饰所用的真皮，也需要分出不同部位用到内饰的不同地方。

图 3-2-3　标准牛皮体形部位图

脊背、臀部皮的使用价值较高，因为该部位的纤维组织较密，机械强度高，具有良好的耐曲折性，所以一般背部的皮都用到内饰改装正面接触位置，与人体接触的位置，例如座椅的座垫和靠背，都使用牛的背部皮。

其他部位的皮纤维组织疏松，具有较大的延展性。辨别时，可以发现腹部皮上面有大的长的皱纹，所以一般都会用在内饰改装的内层，或者非经常接触面。

在汽车内饰装潢中，一般座椅的正面使用牛背皮，侧面使用腹部皮，中控使用牛背皮，A、B、C柱内饰件等使用腹部皮。

（2）人造皮革

用聚氨酯、聚氯乙烯等合成高分子制造外观模仿皮革的材料，称为"人造皮革"。人造皮革主要包括PVC、PU、超纤皮革三种。

PVC是第一代人造皮革，主要成分为聚氯乙烯；PU是二代；超纤是第三代，也是无论表观还是性能最接近甚至超越真皮的一类人造皮革。

超纤是超细纤维PU合成革的简称，超细纤维短纤通过梳理针刺制成三维结构网络的无纺布，再经过湿法加工、PU树脂含浸、减量抽出、磨皮染整等工艺，最终制成超细纤维皮革。超纤是在PU聚氨酯中加入超细纤维，使得韧性和透气性、耐磨性得到了进一步加强；具有极其优异的耐磨性能，优异的耐寒、透气、耐老化性能。

（3）纺织材料

应用于汽车内饰的纺织材料可分为机织物和针织物两大类，见表3-2-2。

表 3-2-2　纺织材料

机织物	机织物中提花绒尺寸稳定性好，质地厚实，立绒感强，占有较大的比例，但其价格较贵
针织物	针织绒类织物，产品风格高雅华贵，手感好，纵横向的延伸性好，尤其是经编丝绒织物，能适合模压加工工艺的要求，而且价格便宜，是中高档汽车内饰面料的优选材料，具有很好的发展前景

2. 对比分析

真皮、人造皮革对比分析见表 3-2-3。

表 3-2-3　真皮、人造皮革对比分析

	真皮	人造皮革		
		PVC 皮	PU 皮	超纤皮
概念	真皮是使用动物的皮加工而成的，汽车行业普遍使用牛皮	聚氯乙烯（PVC）人造革	聚氨酯（PU）人造革	高性能PU（聚氨酯树脂）和超细纤维基布贴合而成
手感	滑爽、柔软、丰满、有弹性	较硬	相对 PVC 皮较软	手感和真皮比较相似，低端超纤皮表层可能会有塑胶感
外观	有较清晰的毛孔、花纹；黄牛皮有较匀称的细毛孔，牦牛皮有较粗而稀疏的毛孔，山羊皮有鱼鳞状的毛孔	无毛孔，人造纹理	无毛孔，人造纹理	非常接近真皮，没有毛孔而且纹路更加规律整齐
气味	凡是真皮都有皮革的气味	燃烧后有化学味道，且味道较重	较 PVC 皮味道淡	味道轻一些
吸水性	吸水性好	不吸水	不吸水	防水性较差，易腐蚀
修复性	可修复	不可修复	不可修复	不可修复
价格	最贵	较低	高于 PVC 皮	低于真皮高于 PU 皮

3. 辨别方法

（1）外观

超纤皮的外观非常接近真皮（很多是模仿真皮做的），但是仔细一对比，真皮皮面的毛孔比较清晰，纹路比较自然；而超纤皮因为是人造表皮，没有毛孔而且纹路更加规律整齐。低端的超纤皮表层可能会有塑胶感。

（2）重量

真皮与水的相对密度一般在 0.6，而超纤皮与水的相对密度在 0.3~0.5，也就是说同等条件下超纤皮要比真皮轻很多。比如两个模样、大小、用料差不多的包，要区别到底是真皮还是超纤皮，可以提着掂量一下，真皮是要厚重很多的。

（3）气味

真皮因为是动物皮，所以会有一股天然汗味。而超纤皮会有刺激性气味，但一些低端的超纤皮，可能会有一股比较强的塑胶味。

（4）性能

超纤皮和真皮都有很实用的性能，超纤皮可能更加耐磨、耐老化，真皮会更加舒适透气。当然超纤皮和真皮在综合性能上都能达到一定的平衡。

（5）取材

真皮受动物皮的大小限制，品种物性不均匀，而超纤皮取材更方便，品质性能等更加均一稳定。

（6）价格

通常情况下，真皮（当然是指头层皮）会比超纤皮贵，而且真皮价格因为供求变化会有所起伏。不过，一些顶级的超纤皮极具科技含量，会比真皮更贵，用于高端领域。

学习知识3　座椅装潢制版

内饰制版工艺的主要任务是对原有车型的内饰件原型进行原尺寸的复制，制作成样板，俗称"打样"。

制版主要有平面制版和立体制版两种方法。

平面制版主要是针对面积较大、弧度较大、工艺简单的内饰件，将其进行拆解、测量，在样板纸上进行标记并描绘其轮廓的方法，常用在座椅套装潢。

立体制版是针对工艺复杂、多弧度的内饰件，用无纺布在其表面进行贴敷、画线、剪切，在样板纸上按照1:1比例制样的方法，常用在座椅头枕、中控仪表板、门内饰板等制样。

对于内饰原件损坏较严重不能平面制版时，也可选用立体制版。

1．座椅套分解

（1）标记

座椅改装标记及分解制版

为避免内饰件在拆解后错乱，方便后续缝纫工序的对位，可在拆解前自行命名和做好标记。

（2）命名

对座椅套各部位在拆解前可自行命名，如座垫用"1.X"，靠背用"2.X"。

（3）数量标记

如果座椅套有相同样式或对称的，只需标记在其中一块原版上，需要相同的几份，则标记X份数，如需要4份，则标记X4。

（4）方向标记

座椅套在拆解前要标记上下前后方向，方便后续缝纫中对准位置，可参照座垫朝前方向、靠背朝上方向用"//"标记。

（5）对应标记

座椅套拆解前要先用记号笔分别在座椅靠背部、座椅座垫以及连接处、长线中间处等位置做好标记，如图3-2-4和图3-2-5所示，弧度较大、较长的部件多做标记点，方便后续缝纫工序的对位。

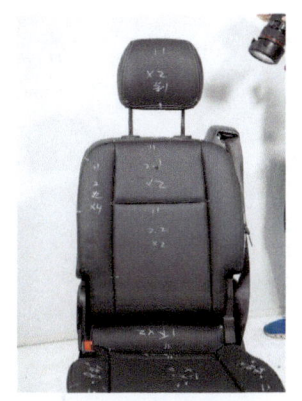 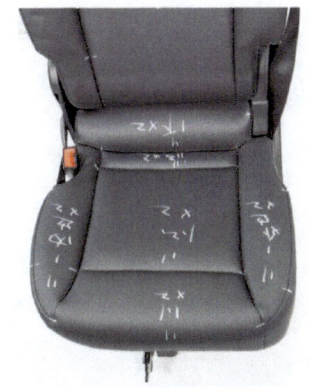

图 3-2-4　座椅靠背做标记　　　　　图 3-2-5　座椅座垫做标记

（6）分解

拆解过程中用刀要准、要直，避免将样板件割损，如图 3-2-6 所示。

2. 座椅套制版

（1）描绘

分解后的样板件用压块压在样纸上，用铅笔在样纸上描出样板件轮廓，如图 3-2-7 所示，并依据样板件上标记，在样纸上用铅笔做出相应的标记。

根据样板件的边缘是否有缝合口来确定样纸上所制版的样板边缘是否外延，有缝合口的位置需用直尺辅助，在样纸上将样板边缘向外延伸 10mm，如图 3-2-8 所示；没有缝合口，则不需要外延。

图 3-2-6　座椅套分解

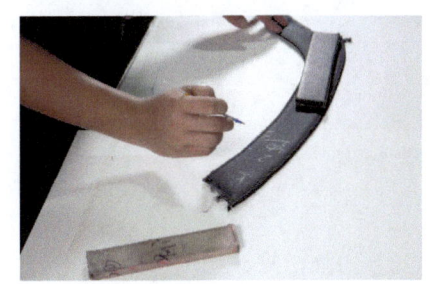 

图 3-2-7　在样纸上描边　　　　　图 3-2-8　在样纸上制版

（2）制版

用美工刀将样板按照描线从样纸上切割出来，切割出来的样板边缘要平滑整齐，如图 3-2-9 所示，严格按照样板所描轮廓线，不得偏离轮廓线。

将座椅套上所有标记内容和位置完整标注在样板纸上，如图 3-2-10 所示，方便取样比对原型和后续工序作业。

依据样纸上铅笔所做记号，用美工刀将样板割出 2~3mm 的 V 形小口，如图 3-2-11 所示，方便后续缝纫工序对位。

图 3-2-9　裁剪样纸
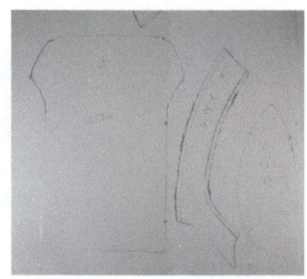
图 3-2-10　样板命名

图 3-2-11　样板上做记号

3. 头枕制版

（1）标记

用记号笔对原头枕套缝合线描线，并对缝合线交点做标记，如图 3-2-12 所示。

（2）描线制样

在头枕缝合线边缘贴双面胶带，用无纺布平整贴合至头枕表面。贴合无纺布时，用手抚平无纺布表面并且进行适度拉伸，确保无纺布贴合表面平整无褶皱。

图 3-2-12　原型做标记画线

沿着头枕缝合线的标记，在无纺布上描线，如图 3-2-13 所示，描线时，注意收口位置和两个孔的位置；将无纺布用剪刀沿着缝合线裁切出样板，注意不要破损无纺布样板。

（3）制作纸样

将无纺布样板用压块压在样纸上，用铅笔描边画线，如图 3-2-14 所示，要注意纸样边缘线与所画边缘线的偏差值不要超过 1mm，在样纸上将样板边缘向外延伸 10mm。

图 3-2-13　在无纺布上描线制样
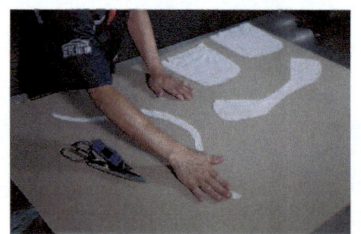
图 3-2-14　在样纸上制作样板

（4）制版

与座椅套同理，用美工刀将样板按照描线从样纸上切割出来，切割出来的样板边缘要平滑整齐，严格按照样板所描轮廓线，不得偏离轮廓线，并将相应标记标注在样板上。

座椅改装裁棉、缝绵及修绵

学习知识 4　座椅装潢裁料

裁料的主要任务是按照样板的尺寸在整块的皮料或海绵上裁剪出所需要的皮革和内衬海绵。

1. 皮料裁剪

（1）皮料选择

在制版与裁剪的过程中，将内饰各部件样板摆放在皮料上，如图 3-2-15 所示，合理利用皮料形状，形成优化方案，避免皮料浪费。

对于皮料有缺陷的部位要用粉笔圈画出来，如图 3-2-16 所示，裁剪时要避开皮料缺陷部位。

图 3-2-15　皮料画线

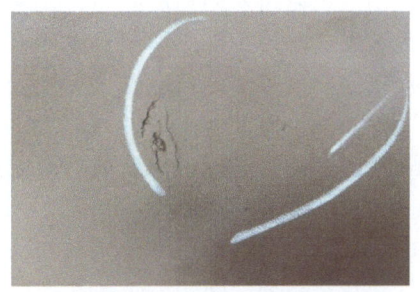

图 3-2-16　皮革缺陷部位标记

（2）裁剪皮料

用压块在皮料上压住样板，用美工刀紧靠样板轮廓线对皮料进行切割，如图 3-2-17 所示。在切割过程中要用力均匀、平顺，确保一次切割便使皮料分离，皮料边缘要平滑整齐。对于对称的两块皮料，可将皮料对折，然后用样板对皮料两面同时进行裁切，要注意正反面。

裁剪皮料结束后，要将样板上所有标记内容和位置完整标注在皮料上。

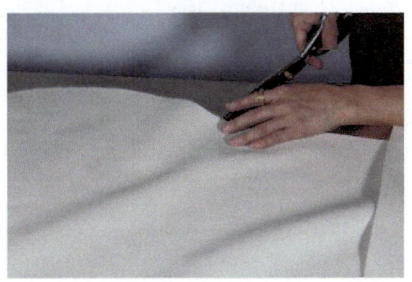

图 3-2-17　裁剪皮料

2. 海绵裁剪

（1）内衬海绵规格

汽车座椅上常用的内衬海绵有 3mm、5mm 两种规格。汽车座椅正面为与人多接触面，为增加舒适性，一般使用厚度 5 mm 的海绵作为内衬面，与人少接触的侧面部位使用厚度 3mm 的内衬海绵，特殊部位因为设计因素可采用无棉处理。

（2）裁剪海绵

与皮料裁剪同理，用压块在海绵上压住样板，用美工刀紧靠样板轮廓线对海绵进行切割，边缘要平滑整齐。要将样板上所有标记内容和位置完整标注在内衬海绵上。

3. 裁片标准

1）牛皮部位质地分布与座椅使用请参照牛皮质地应用标准。

2）非真皮类裁片使用请参照裁片属性延伸性要求。

3）裁片与海绵贴合要求：

① 裁片与海绵缝合后自然平整。

② 用针 ≤ 16 号圆针（DP×17）。

③ 用线 80 号棉线。

④ 用线与皮料同色系，颜色相吻合。

⑤ 2.5 针针距 ≤ 10mm。

⑥ 缝位 3mm。

⑦ 裁片与海绵缝合后，海绵不能大于皮面，线头干净；修绵后，以皮片为标准。

4）海绵使用规格：

① 海绵密度 ≥ 38kg/m³ 标准，阻燃Ⅳ级。

② 使用火贴技术粘贴底织布，化学无残留。

③ 海绵底布使用棉质材料，延伸率纵向 ≤ 10%，横向 ≤ 15%。

④ 正面部位厚度 ≤ 9mm，贴合技术可使用厚度 5mm。

⑤ 侧面部位厚度 3mm。

⑥ 特殊部位因为设计因素可使用无绵处理。

5）裁片对位剪口要求：

① 裁片对位剪口为小月牙或三角形，深度 ≤ 5mm。

② 裁片对位剪口间距 / 垂直面 ≤ 30cm/ 个，弧形位 ≤ 10~15cm/ 个。

6）冲孔裁片要求：

① 真皮冲孔工艺使用牛皮封底工艺前处理。

② 真皮冲孔后进行水性胶封底工艺处理。

③ 裁片冲孔后抗撕裂强度纵向 ≥ 140N，横向 ≥ 120N。

学习知识 5　真皮座椅保养

中、高级轿车多为真皮座椅，也有许多驾驶人自行加装真皮座椅，以显舒适、豪华，而且使用寿命也较长。真皮是天然之物，保养起来自然不能轻而视之。日常保养，除了人人皆知的避免尖锐物体刮伤皮革外，还要注意防尘、防晒、防高温。

对于真皮座椅的保养，要做到以下几点：

1）汽车皮椅尽量要距热源 0.6m 以上，如离热源太近会导致皮革干裂。

2）太阳光直射会使皮革变硬、龟裂、褪色。故座椅不要长时间暴露在阳光下暴晒，避免皮革褪色，尤其是敞篷跑车。

3）定期清洁，及时去除灰尘。

4）不要使用吹风机对真皮座椅进行干燥处理，对于水渍应用棉纸或柔软毛巾擦干，也可以在阴凉通风处自然风干。

5）切忌用化学清洗剂清洗。清洁剂会令真皮变得暗淡无光。

6）顽固污渍应选用强碱性的清洗剂，像肥皂水之类。

7）避免尖锐物对真皮座椅的损伤。

学习知识 6　汽车座椅装潢品质检查标准

编写团队将深入各改装厂多年的摸索结合内饰改装师傅十多年的实战经验对汽车座椅装潢品质制订了以下检查标准，如图 3-2-18 所示。

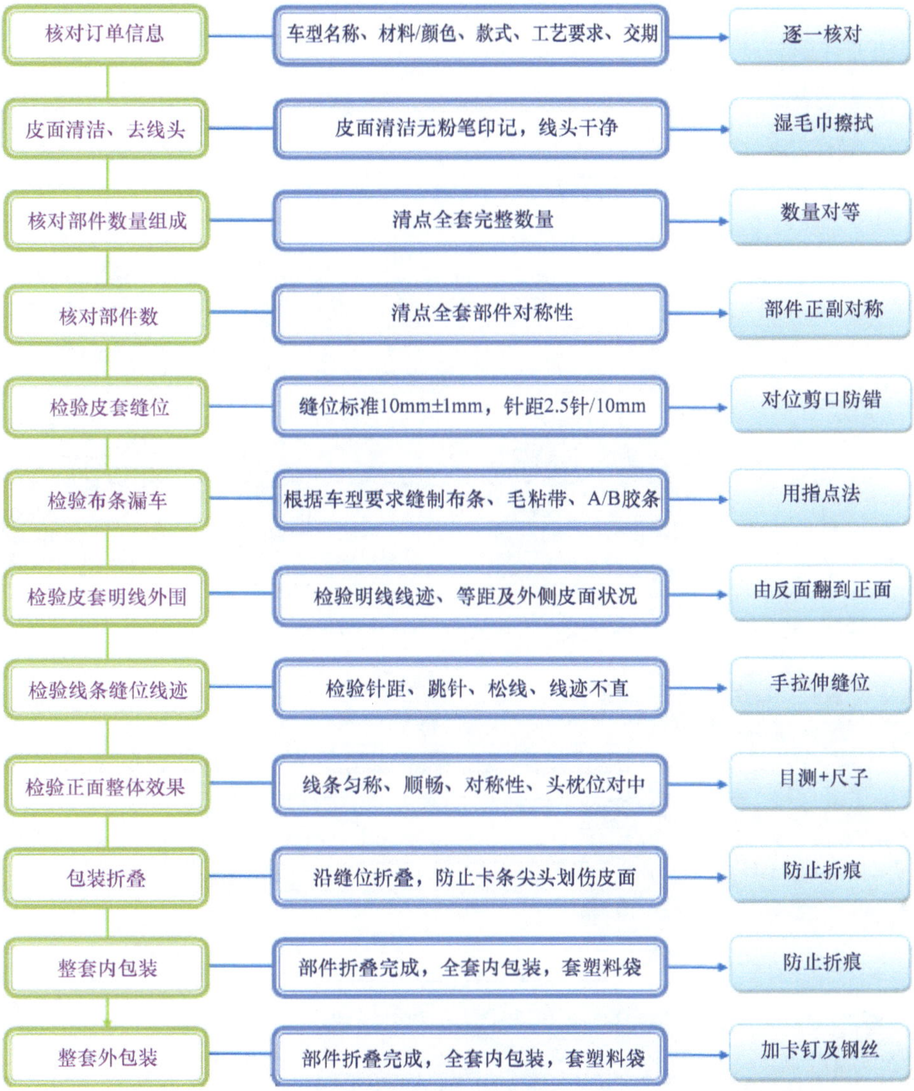

核对订单信息	车型名称、材料/颜色、款式、工艺要求、交期	逐一核对
皮面清洁、去线头	皮面清洁无粉笔印记，线头干净	湿毛巾擦拭
核对部件数量组成	清点全套完整数量	数量对等
核对部件数	清点全套部件对称性	部件正副对称
检验皮套缝位	缝位标准10mm±1mm，针距2.5针/10mm	对位剪口防错
检验布条漏车	根据车型要求缝制布条、毛粘带、A/B胶条	用指点法
检验皮套明线外围	检验明线线迹、等距及外侧皮面状况	由反面翻到正面
检验线条缝位线迹	检验针距、跳针、松线、线迹不直	手拉伸缝位
检验正面整体效果	线条匀称、顺畅、对称性、头枕位对中	目测+尺子
包装折叠	沿缝位折叠，防止卡条尖头划伤皮面	防止折痕
整套内包装	部件折叠完成，全套内包装，套塑料袋	防止折痕
整套外包装	部件折叠完成，全套内包装，套塑料袋	加卡钉及钢丝

图 3-2-18　汽车座椅装潢品质检查标准

任务实施

1. 作业准备

工作台

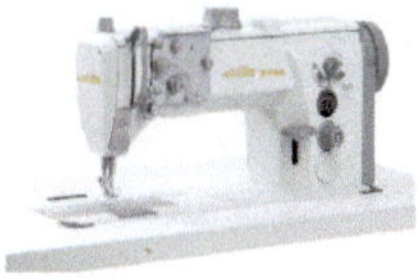

缝纫机

组合工具箱（1）

组合工具箱（2）

组合工具箱（3）　　剪刀　　美工刀

直尺　　水银笔　　铅笔　　大头笔

双面胶　　无纺布　　内衬海绵　　超纤皮

拆装座椅

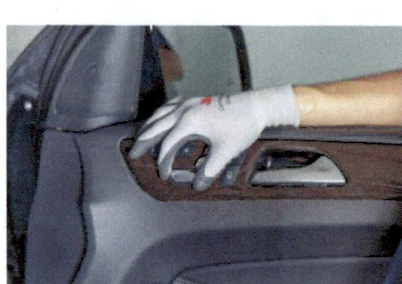

2. 实施过程

（1）座椅拆卸

1）调整座椅位置：为方便拆卸，可以相应调整座椅位置，如图 3-2-19 所示。

2）带有电控功能的座椅：前排座椅带有电控开关的，拆卸前要先断开相关线束。

图 3-2-19　调整座椅位置

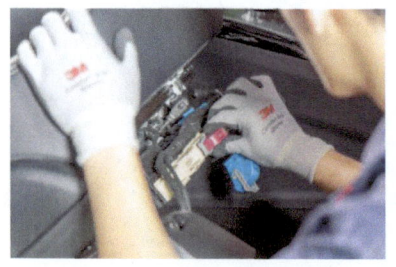

注意：将拆卸的线束与插头（图 3-2-20）做好对应标记，方便后续安装。

图 3-2-20　座椅线束和插头

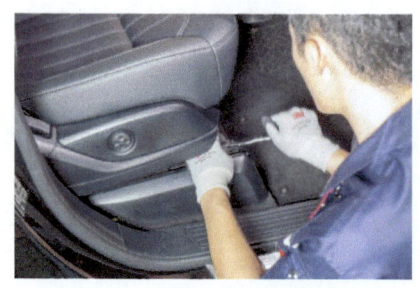

3）拆卸固定螺母：用套筒及扳手，拆卸座椅固定螺母，如图 3-2-21 所示。

注意：拆卸下来的螺栓、螺母、卡扣等做好记号，不能随意乱放。

（2）座椅套拆解

1）拆解时标记

① 命名：用大头笔标记，座垫用"1.X"，靠背用

图 3-2-21　拆卸座椅固定螺母

"2.X"。

② 数量标记：数量用".X2"。

③ 方向标记：座垫朝前方向、靠背朝上方向用"∥"标记。

④ 对应标记：连接处、长线中间处等位置做好标记。

2）拆解步骤

① 拆掉座椅头枕。

② 拆解座椅背板、侧面板等。

③ 用专用工具将座椅上专用C形钢钉拔掉。

给座椅靠背、座垫做标记，如图3-2-22所示。

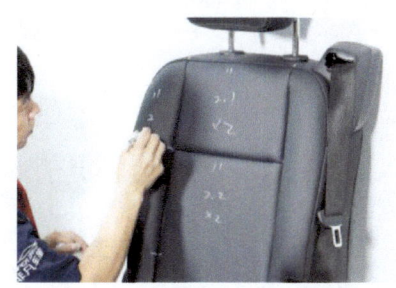 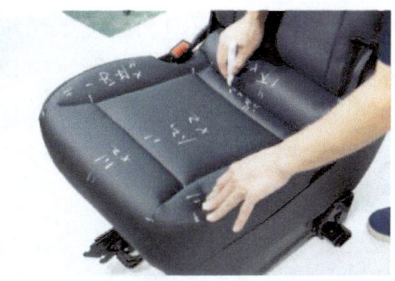

图3-2-22　给座椅靠背、座垫做标记

拆卸座椅套如图3-2-23所示。

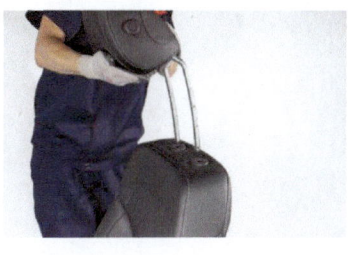  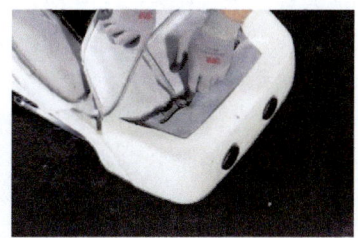

图3-2-23　原座椅套拆卸

④ 拆解座椅套：如图3-2-24所示，将拆卸下来的座椅套用美工刀或剪刀进行拆解，拆解过程中用刀要准、要直，避免将样板件割损。

（3）座椅套制版

1）描边

① 分解后的样板件用压块压在样纸上，用铅笔在样纸上描出样板件轮廓（图3-2-25）。

② 依据样板件上标记，在样纸上用铅笔做出相应的标记。

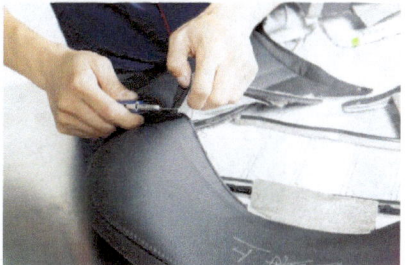

图3-2-24　拆解座椅套

2）制版：如图3-2-26所示，样板件有缝合口的位置需用直尺辅助，在样纸上将样板边缘向外延伸10mm；没有缝合口，则不需要外延。

图 3-2-25　在样纸上描边　　　　图 3-2-26　在样纸上制版

3）裁样：如图 3-2-27 所示，用美工刀将样板按照轮廓线切割出来，切割出来的样板边缘要平滑整齐，不得偏离轮廓线。

4）样板命名：如图 3-2-28 所示，将座椅套上所有标记内容和位置完整标注在样板纸上，方便取样比对原型和后续工序作业。

5）缝纫标记：如图 3-2-29 所示，依据样纸上铅笔所做记号，用美工刀将样板割出 2~3mm 的 V 形小口，方便后续缝纫工序对位。

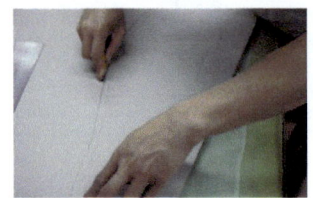 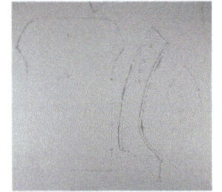 

图 3-2-27　裁样　　　　图 3-2-28　样板命名　　　　图 3-2-29　缝纫标记

（4）头枕制版

1）标记：如图 3-2-30 所示，用记号笔对原头枕套缝合线描线，并对缝合线交点做标记。

2）制样（图 3-2-31）

① 在头枕缝合线边缘贴双面胶带。

② 用无纺布平整贴合至头枕表面。

③ 沿着头枕缝合线的标记，在无纺布上描线。

④ 将无纺布用剪刀沿着缝合线裁切出样板。

图 3-2-30　标记

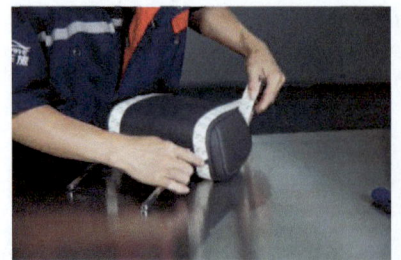 

图 3-2-31　制样

3）制作纸样（图 3-3-32）：用铅笔描边画线，要注意纸样边缘线与所画边缘线的偏差值不要超过 1mm。

4）制版（图 3-2-33）：在样纸上将样板边缘向外延伸 10mm。

图 3-2-32 制作纸样

图 3-2-33 制版

5)样板命名(图 3-2-34):将头枕上所有标记内容和位置完整标注在样板纸上,方便取样比对原型和后续工序作业。

6)缝纫标记(图 3-2-35):依据样纸上铅笔所做记号,用美工刀将样板割出 2~3mm 的 V 形小口,方便后续缝纫工序对位。

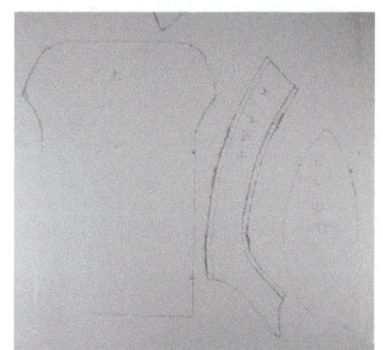
图 3-2-34 样板命名

图 3-2-35 缝纫标记

(5)裁剪皮料、裁棉

1)选择皮料(图 3-2-36):在制版与裁剪的过程中,将内饰各部件样板摆放在皮料上,合理利用皮料形状,形成优化方案,避免皮料浪费。

2)规避缺陷皮料(图 3-2-37):对于皮料有缺陷的部位要用粉笔圈画出来,裁剪时要避开皮料缺陷部位。

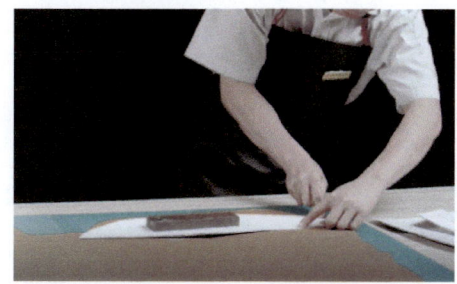
图 3-2-36 选择皮料

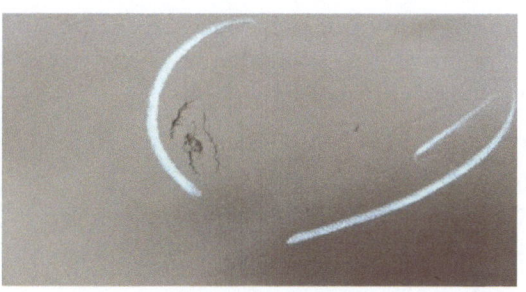
图 3-2-37 缺陷皮料

3）裁剪皮料（图 3-2-38）

① 用压块在皮料上压住样板，用美工刀紧靠样板轮廓线对皮料进行切割，在切割过程中要用力均匀、平顺，确保一次切割便使皮料分离，皮料边缘要平滑整齐。

② 裁剪皮料结束后，要将样板上所有标记内容和位置完整标注在皮料上。

4）裁绵（图 3-2-39）：海绵尺寸应小于皮料尺寸。

图 3-2-38　裁剪皮料

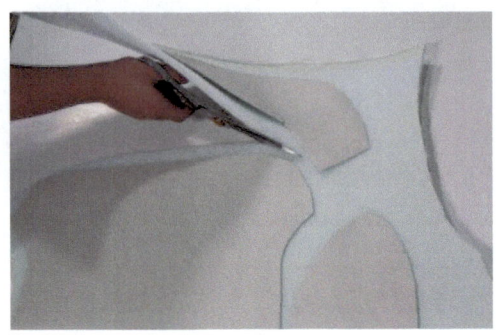
图 3-2-39　裁绵

座椅改装皮料缝合、压双线及缝骨条套

（6）座椅套缝合

1）缝绵（图 3-2-40）：根据裁定皮革的尺寸进行缝绵：紧扣皮革边沿对皮料和海绵进行缝合，要求缝线整齐均匀，离皮革边沿线距离小于 1mm。

2）修绵（图 3-2-41）：对已经缝好衬绵的皮料，紧扣皮料边缘，将超出皮料边缘的海绵修剪干净，直到没有海绵超出皮料边缘为止。

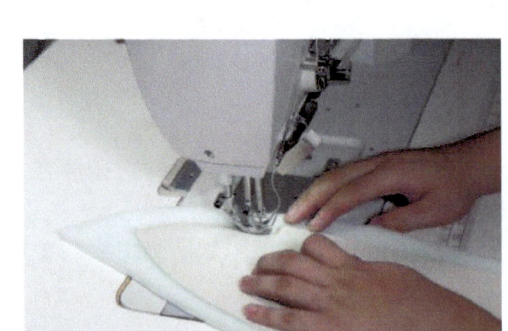
图 3-2-40　缝绵

图 3-2-41　修绵

3）缝合顺序（图 3-2-42）：先将正面皮料缝合，再将侧面皮料缝合，最后缝合底部皮料。

注意：要求严格按照皮料的对位标记点进行缝合。

单边压线 1mm，双线缝制 5mm。

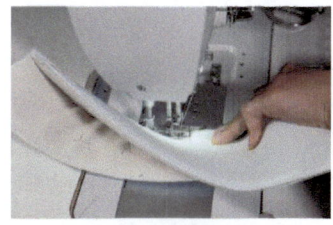 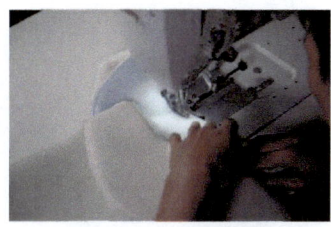 

a）正面皮料缝合　　　　b）缝合正面和侧面　　　　c）缝合底部

图 3-2-42　缝合

4）压双线（图 3-2-43）：对座椅皮料压双线。根据设计要求，为了增加内压线位置缝合强度和表面美观，在缝合线位置压双线。

5）缝制骨条套（图 3-2-44）：在缝合线位置垫加骨条套并在表面压双线。

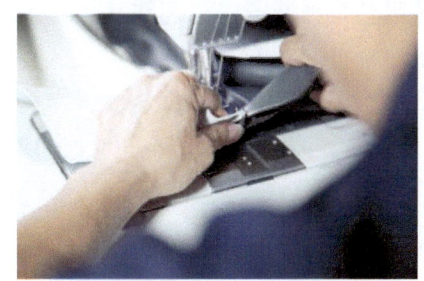 

图 3-2-43　压双线　　　　　　　　　图 3-2-44　缝制骨条套

（7）头枕套缝合

1）头枕套的制作流程与座椅套的制作流程基本一致。

2）头枕套为封闭立体形状，在其最后收口时，需要将其套在头枕上，对收口位置进行手工缝合，如图 3-2-45 所示。

3）缝合过程中起线头应该收藏在皮革下面，不允许外露；可以根据客户要求采用单线或者双线缝合；在缝合过程中对角拉紧，不能出现一段松一段紧的情况。

 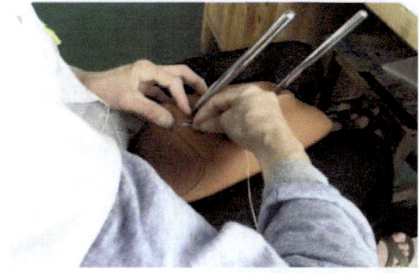

图 3-2-45　头枕套收口

（8）座椅套包覆

1）座垫套定型（图 3-2-46）：在缝制的内衬胶条套里穿入骨条、钢丝、硬塑条等增加骨质感。

2）座垫套定位（图 3-2-47）：将座垫套安装到座垫海绵上，内衬的橡胶条要对应好海绵座垫的凹槽，用专用工具将 C 形钉卡紧定位。

座椅套包覆

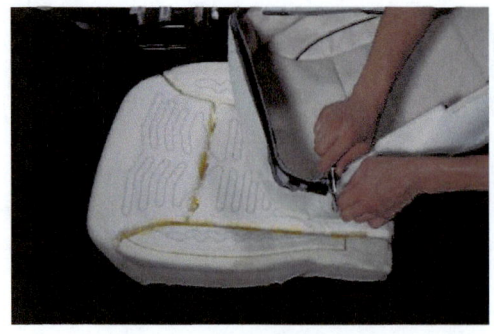 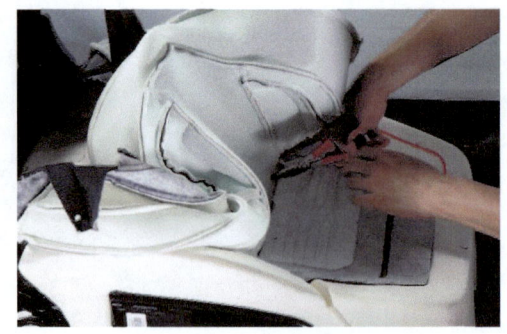

图 3-2-46　座垫套定型　　　　　　　图 3-2-47　座垫套定位

3）座垫套固定（图 3-2-48）：将座垫套边缘的卡扣扣紧在座椅座垫的骨架上。

4）靠背套定型（图 3-2-49）：安装前，先将靠背套背面的内衬安装好橡胶条进行定型。

 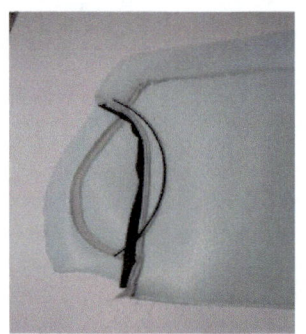

图 3-2-48　座垫套固定　　　　　　　图 3-2-49　靠背套定型

5）靠背套定位（图 3-2-50）：将靠背套安装到靠背海绵上，内衬的橡胶条要对应好海绵座垫的凹槽，用专用工具 C 形钉卡紧定位。

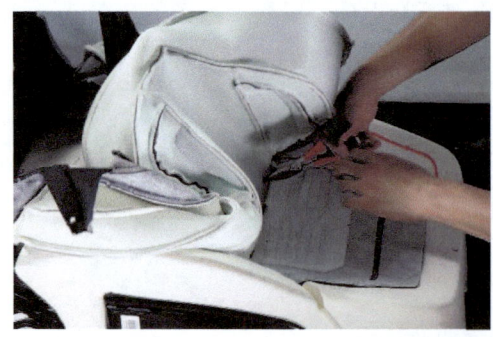 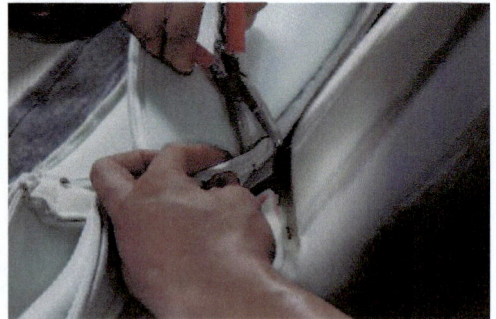

图 3-2-50　靠背套定位

6）靠背套固定（图 3-2-51）：将靠背套边缘用 C 形钉或卡扣扣紧在座椅靠背的骨架上。

7）安装头枕（图 3-2-52）：在安装好的座椅靠背套头枕插座的位置用剪刀开一个直径为 12~15mm 的小孔，将头枕插座从靠背套中露出。

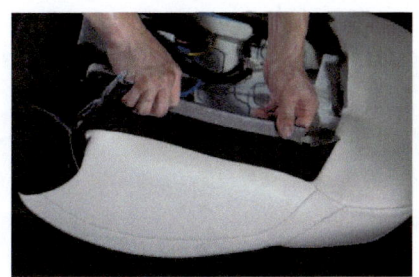

图 3-2-51　靠背套固定

图 3-2-52　安装头枕

（9）座椅安装（图 3-2-53）

1）确认相应螺栓与卡扣的安装位置；根据标记将相应的螺栓与卡扣、插头与线束安装上。

2）使用专用工具进行安装，避免损伤零部件。

3）检查是否安装到位。

图 3-2-53　座椅安装

检查评价

座椅套制作质控表

车牌		车型		施工员	
拆卸座套	座椅脏污	□有　□无	面料鼓包	□有　□无	其他要求
	座椅破损	□有　□无	缝线断裂	□有　□无	
选择面料	面料规格		面料风格		
	面料颜色		□有　□无　要求：		
拆解座套	是否命名	□有　□无	是否破损	□有　□无	
	是否标记	□有　□无	其他		
制版缝纫	预留边距	mm	对点记号	□有　□无	
	缝纫线股数	股	针孔间距		
	针孔均匀	□是　□否	对点准确	□是　□否	
座套安装	是否贴合	□是　□否	面料褶皱	□有　□无	

座椅套制作评价表

车牌		车型		施工员	
考核内容	作业技术评价	评分标准		配分	得分
拆卸座椅（32分）	拆卸安全性	拆卸前进行安全检查		8	
	拆卸过程顺序正确	先拆卸接线，再拆卸螺栓		8	
	拆卸工具选用	使用合适的扳手拆卸		8	
	拆卸完整性	拆卸过程无遗漏并做好标记		8	
座椅套制版（32分）	座椅套拆卸	拆卸过程操作没有损坏座椅套		8	
	座椅套命名、标记	座椅套拆解之前应先命名和标记清晰		8	
	座椅套拆解	正确拆解座椅套，无损伤		8	
	纸板上制版	样板轮廓清晰，标记和命名均清晰可辨		8	
裁剪皮料（8分）	裁剪准确	用美工刀均匀、平顺裁下皮料		8	
座椅套缝合（8分）	缝线美观、牢固	座椅套拼接美观、牢固，尺寸精准		8	
安装座椅套（16分）	安装安全性	安装过程无受伤		8	
	安装贴合性	座椅套安装贴合性好，无松浮		8	
座椅安装（4分）	安装到位	安装到位，安全可靠		4	
总计				100	

任务四

转向盘装潢

汽车转向盘是驾驶人操纵汽车行驶方向的轮状装置，它是驾驶人在日常驾驶车辆时皮肤接触最多的控制机构。转向盘材料主要有皮质材料、木质材料和塑料材料等。转向盘外沿经常与驾驶人的手掌摩擦，在长时间受到汗液和油脂的侵蚀后，转形盘容易出现变形、打滑、发黑、发霉和破损等现象。转向盘装潢是汽车内饰改装中最常改装的部分。

皮质转向盘

碳纤维转向盘

学习情境一　转向盘皮革包覆

 情境描述

小陆购买某品牌轿车，该轿车配备仿皮材质转向盘，经过多年的使用，转向盘外沿出现多处磨穿，触碰感觉油腻。经过询问了解，小陆得知转向盘可以通过皮革包覆处理的方式来提升驾驶手感和视觉美感，准备对旧转向盘进行真皮包覆处理。改装前后的对比如图 4-1-1 和图 4-1-2 所示。

图 4-1-1　改装前　　　　　　图 4-1-2　改装后

 学习目标

知识目标：
1. 知道转向盘外形分类。
2. 知道转向盘包覆材料的种类。
3. 能叙述转向盘包覆装潢的工作流程。

技能目标：
1. 能进行转向盘的就车拆装。
2. 能进行转向盘修补（清理、原子灰涂抹打磨）。
3. 能进行转向盘套的手工艺缝制（交叉法、麦穗法等）。

职业素养目标：
1. 具有工程质量观念、企业效益观念，具有安全意识、责任意识、环保意识、成本意识等工程素养。
2. 具有科学的认知理念、勇于实践的工作作风、较强的创新能力。

 相关知识

转向盘是"人车互动"最直接的纽带，良好的转向盘包覆可以使手感更加细腻舒适，避免因手滑使转向盘失控造成安全事故，而且一定程度上能够提升车内档次，彰显车主的独特个性。

学习知识1　汽车转向盘总体认识

1. 转向盘结构类别

转向盘是操纵汽车行驶方向的轮状装置。整个转向机构的原理是通过齿轮齿条机构把圆周运动转变为直线运动，推动车轮旋转。

（1）转向盘幅数分类

转向盘幅是指连接转向盘圆周与转向轴的部分。如果把转向盘的圆周分成两部分就是两辐，多用于赛车；分成三部分就是三辐，多用于运动型轿车和跑车；分成四部分就是四幅，多用于普通轿车和高档轿车，如图 4-1-3 所示。

双幅转向盘

三幅转向盘

四幅转向盘

图 4-1-3　转向盘幅种类

（2）转向盘形状分类

转向盘盘体形状分为圆形、倒梯形（图 4-1-4）和六边形（图 4-1-5）。目前的流行装潢趋势是在基本型的基础上，通过装饰件和组合按键有机结合，使得转向盘整体形状灵活多变。

图 4-1-4　倒梯形转向盘

图 4-1-5　六边形转向盘

2. 转向盘装潢流行风格介绍

随着人们对汽车使用观念的转变，从之前的塑胶转向盘，到现在的真皮转向盘，车主们对包覆转向盘皮料的讲究，以及个性化的追求，转向盘装潢风格的时尚潮流已成为他们所追求的热点。

（1）转向盘全包风格

转向盘全包风格指的是利用真皮、超纤维等多种软性面料，对转向盘进行全部包覆，如图 4-1-6 所示。

图 4-1-6　全包转向盘

（2）转向盘半包风格

转向盘半包风格指的是利用软性面料结合碳纤维、桃木件等硬性材料共同对转向盘装潢而形成的风格，如图4-1-7所示。

图4-1-7　半包转向盘

3. 转向盘总体结构

目前汽车市场上对于不同定位的汽车采用了不同的转向盘装饰，主要分为普通转向盘、真皮转向盘、木质转向盘等。

一般转向盘的结构由转向盘骨架、填充层、装饰层等组成。

转向盘骨架主要采用压铸工艺生产，转向盘骨架多为锌合金或铝合金；有些生产厂家则采用更便宜、更轻的镁合金；有少部分厂家还在使用钢材板件；也有部分豪华轿车转向盘则改用较昂贵的碳纤维或其他新型材料。

转向盘填充层主要有软质材料和硬质材料两种。软质材料大多由聚氨酯材料通过发泡机制成，其特点是手感舒适、耐磨、不易开裂、有助于吸收胸部和头部碰撞时产生的冲击力。硬质材料的选取主要根据转向盘的装饰要求而定，如进行水转印装饰时，需在转向盘骨架外围进行PP、ABS等硬质材料的注塑，再进行水转印施工；如进行木质材料装饰时，则需要使用专用机器将木片一层层叠积在一起，嵌入转向盘骨架上再进行表面装饰。

装饰层置于转向盘填充层上，是彰显转向盘美观与档次的重要部分。常见装饰层材料有真皮、仿皮、木料装饰件、硬塑装饰件和纹理纸等。

学习知识2　汽车转向盘拆装与修补

转向盘的拆装

1. 转向盘拆装注意事项

现代汽车转向盘总成大多数集成多功能按钮以及安全气囊，因此在转向盘拆卸过程中必须注意以下操作：

1）在拔下安全气囊引爆插头之前，首先要断开蓄电池负极电缆并等待90s后方可进行。因为安全气囊电控单元内部或外部装有备用电源，如果在蓄电池脱开的90s内操作，有可能导致安全气囊引爆。当蓄电池断开时，车上的音响防盗系统会被锁住，断电之前要核对是否保存有该车音响的防盗密码。部分车型断开蓄电池后可能需要进行远程在线解码，故应特别注意。

2）存放拆下的安全气囊，一定要使气囊膨胀的方向朝上，铝壳朝下，否则气囊一旦膨胀，可能会导致严重事故。

3）气囊应存放在阴凉干燥的环境中，决不能让安全气囊靠近热气、火焰等不良环境。

4）不能使用任何种类的清洗剂清洗安全气囊，不准涂润滑油脂，只允许用干布或蘸了清水的湿布擦试。

5）切勿用万用表测量安全气囊引爆器电阻，否则可能引起气囊膨胀。

① 关闭所有用电设备，操作起动开关使电源模式至"OFF"状态。

② 向上翻转蓄电池负极电缆防尘板 1 和蓄电池正极电缆防尘板 2（图 4-1-8）。

③ 松开蓄电池负极电缆紧固螺母 3（图 4-1-9），并断开蓄电池负极电缆。

④ 松开蓄电池正极电缆紧固螺母 4（图 4-1-9），并断开蓄电池正极电缆。

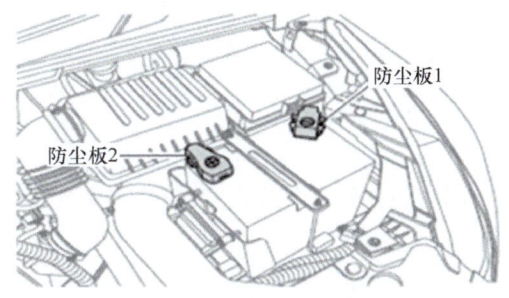

图 4-1-8　蓄电池电缆防尘板

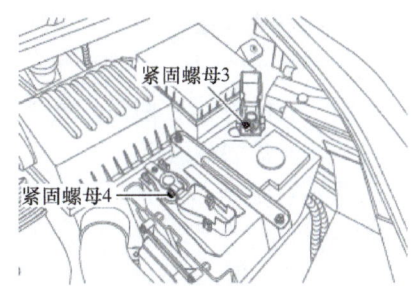

图 4-1-9　蓄电池电缆紧固螺母

6）对未引爆的安全气囊不要随意乱丢，应使用专用工具将气囊引爆后再进行处理。

7）安装转向盘前，应将连接气囊的螺旋电缆的卷紧程度调在中间位置，否则转动转向盘时会使螺旋电缆拉断。

2. 转向盘的拆卸

1）拆卸蓄电池负极电缆。

2）拆卸驾驶人安全气囊。

① 如图 4-1-10 所示，用合适工具穿入下护罩左侧小孔，工具向内按压，感受到弹簧顶起的同时右手将气囊盖左上部掰起。然后用工具穿入下护罩右侧小孔，并向内按压，感受到弹簧顶起的同时左手将气囊盖右上部掰起，之后将驾驶人气囊用两手轻轻向上拔起。

② 如图 4-1-11 所示，断开喇叭开关线束插接器 1，把黄色的插销拔出，断开驾驶人安全气囊线束插接器 2，并取下驾驶人安全气囊。

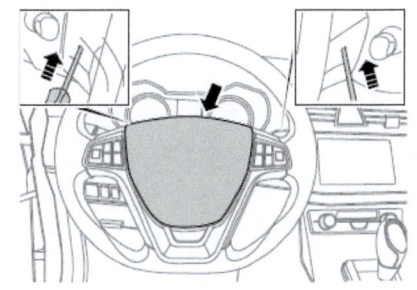

图 4-1-10　安全气囊盖板的拆卸

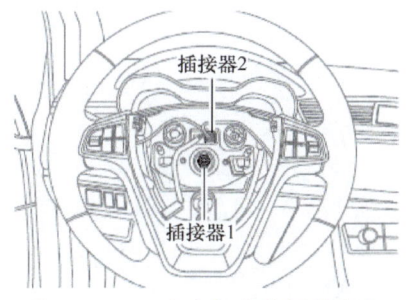

图 4-1-11　安全气囊盖板的取出

③ 如图 4-1-12 所示，拆卸转向盘固定螺母 1，断开多功能转向盘按键插接器 2。
④ 如图 4-1-13 所示，取出转向盘。

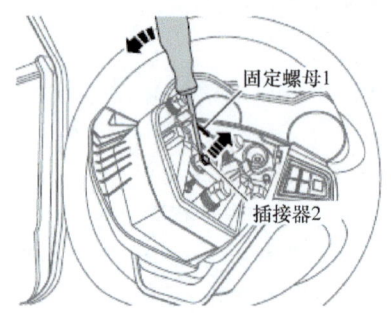

图 4-1-12　转向盘插接器的拆卸

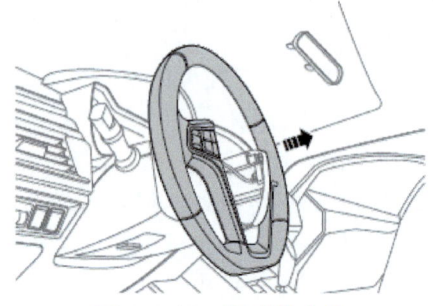

图 4-1-13　取出转向盘

3. 转向盘的安装

（1）转向盘的定位

如图 4-1-14 所示，使前轮处于正前方，安装转向盘。

（2）转向盘的紧固连接

如图 4-1-15 所示，紧固转向盘固定螺母 1，连接多功能转向盘按键插接器 2，力矩：45N·m。

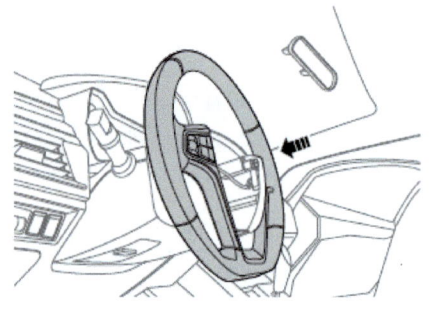

图 4-1-14　转向盘的定位

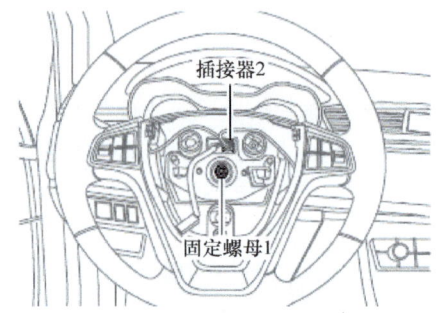

图 4-1-15　转向盘的紧固连接 1

（3）安装驾驶人安全气囊

1）如图 4-1-16 所示，连接喇叭开关线束插接器 1，连接驾驶人安全气囊线束插接器 2。

2）如图 4-1-17 所示，安装驾驶人安全气囊。

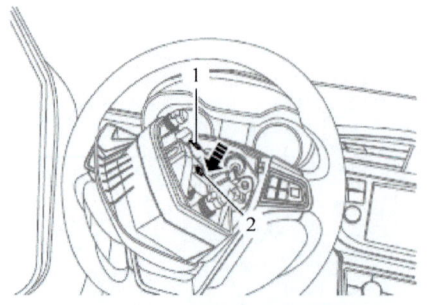

图 4-1-16　转向盘的紧固连接 2

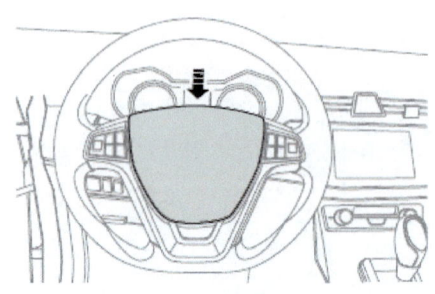

图 4-1-17　气囊的装配

（4）连接蓄电池负极电缆

1）如图 4-1-18 所示，连接蓄电池负极电缆，并紧固固定螺母 1。

2）连接蓄电池正极电缆，并紧固固定螺母 2，力矩：9N·m。

3）向下翻转蓄电池负极电缆防尘板 1 和蓄电池正极电缆防尘板 2，如图 4-1-19 所示。

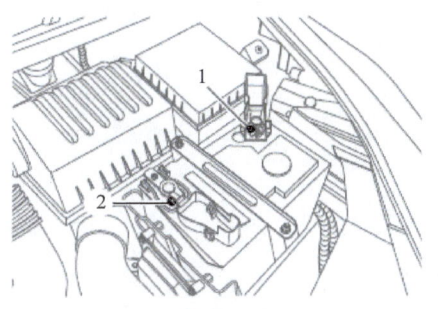

图 4-1-18　蓄电池电缆的紧固

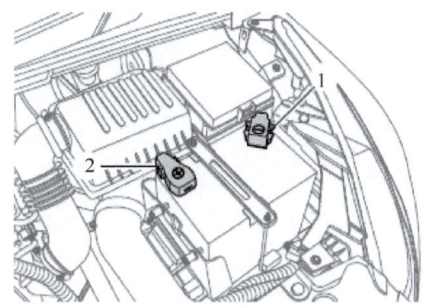

图 4-1-19　蓄电池防尘板的安装

4. 转向盘修复

长时间使用的转向盘，由于受到空气中水汽、人体汗液的侵蚀以及外力的作用，其装饰层或填充层的外沿容易发生损伤，如出现划痕、凹陷、变形等现象。轻微的损伤可以在填充层上通过打磨或施涂塑料原子灰后，再重新进行装饰；严重的损伤则需要对填充层材料进行更换。

当转向盘填充层出现轻微的损伤时可以用原子灰进行外形修补。

原子灰俗称腻子，主要由颜料、树脂和溶剂组成，如图 4-1-20 所示。常见原子灰种类有聚酯原子灰、环氧原子灰和硝基原子灰。聚酯原子灰为双组分型，由主灰和固化剂组成，适合于钢板维修。环氧原子灰也是双组分型，防锈性能和附着力出色，适用于树脂零件修补。硝基原子灰为单组分型，因硝基原子灰极易收缩，不可用于很深的凹陷修复。常用双组分环氧原子灰对转向盘填充层进行修复。

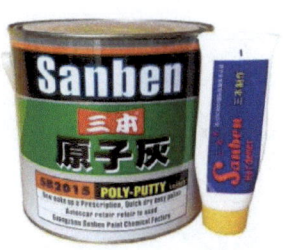

图 4-1-20　双组分型原子灰

1）原子灰搅拌。未开启的新罐原子灰，其填充物质容易积聚在罐底，树脂容易浮在表面，使用时需要搅拌均匀。不充分搅拌容易造成原子灰干燥时间过长或无法干燥。

2）原子灰混合。混合原子灰和固化剂时，取出适量的原子灰和固化剂分别放置在干净的混合板上，常用混合比例为 100:2~100:3，要在 1min 内把物质充分搅拌均匀。混合比例不正确容易导致开裂和不能固化等现象。

3）原子灰施涂。原子灰施涂时，需要多层刮涂，层与层之间需要充分闪干，施涂后总体高度稍高于骨架周围基材高度。

4）原子灰干燥。原子灰干燥可采用自然干燥和强制干燥两种方式。双组分原子灰采用自然干燥，完全干燥时间为 15~25min；若使用短波红外线烤灯进行强制干燥，干燥时间为 3~5min。原子灰自然干燥时会产生热量，在丢弃使用完的多余原子灰时，不能随意丢弃到易燃物上。

5）原子灰打磨。转向盘骨架主要为管状物，在原子灰打磨时，较为适合采用手工干磨，推荐使用 80~120 号砂纸，打磨后原子灰高度与附近未处理部分的表面高度一致。

任务实施

1. 作业准备

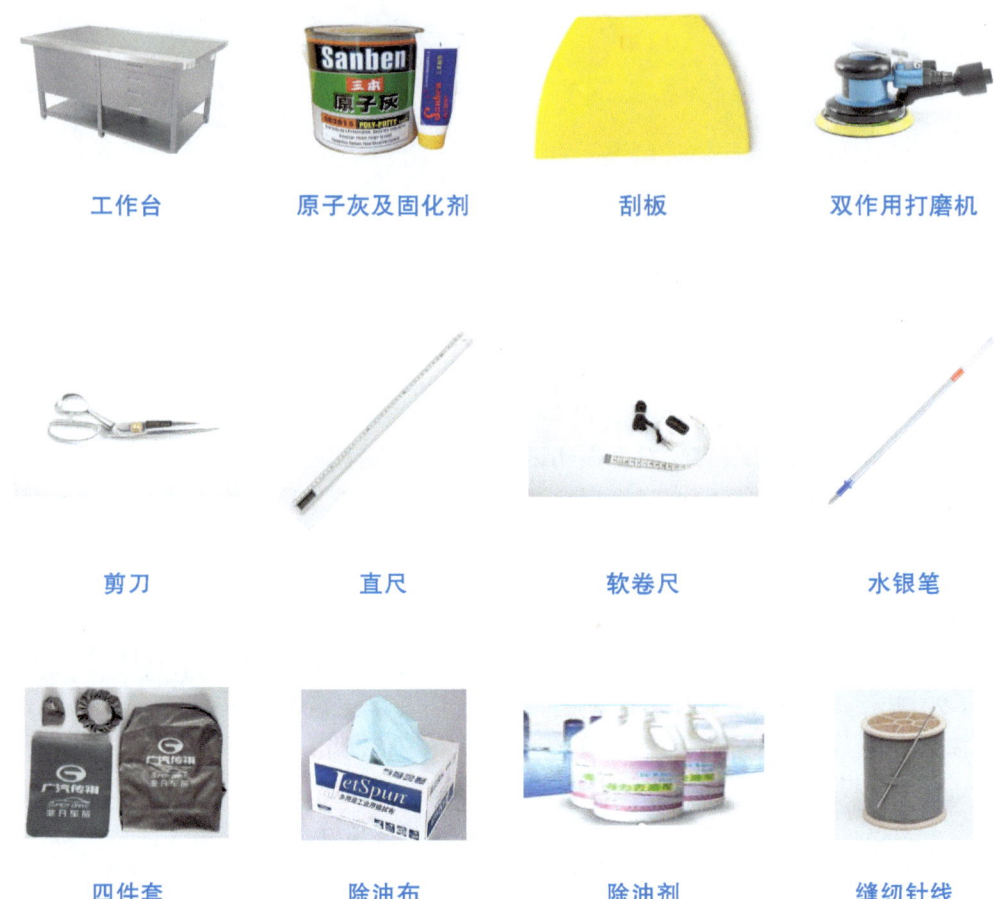

| 工作台 | 原子灰及固化剂 | 刮板 | 双作用打磨机 |

| 剪刀 | 直尺 | 软卷尺 | 水银笔 |

| 四件套 | 除油布 | 除油剂 | 缝纫针线 |

转向盘的制版和裁剪

2. 实施过程

（1）转向盘的打磨处理（图4-1-21）

1）化学处理法：使用专用除油剂对带有黏胶位置的部位进行喷洒或湿敷后进行擦拭，多在胶水量较小且分散时使用。

2）机械打磨法：使用双作用打磨机配合自粘干磨砂纸对胶水较多的位置进行打磨。在实际操作中两种方法可交叉使用。

（2）转向盘外形修复（图4-1-22）

若需要改变转向盘形状时，要对原有转向盘进行切割、焊接、手工成型、打磨、原子灰整形、原子灰打磨、中涂漆喷涂和面漆喷涂等工序。

转向盘外形修复的主要目的是为下一步皮革包裹或水转印装饰创建一个良好的底材表面。

图 4-1-21 转向盘打磨处理

图 4-1-22 转向盘外形修复

（3）制作原始皮样（图 4-1-23）

根据转向盘尺寸，制作原始皮样，尺寸尽量要准确。

注意：皮样要在转向盘上尽量绷紧。

（4）制版（图 4-1-24）

用原始皮样包裹转向盘，并根据转向盘尺寸制作样板。

图 4-1-23 制作转向盘原始皮样

技术要点：先用记号笔在原始皮样上描出中线，对应转向盘外中线；再裁剪出大概轮廓，但要尽量留出足够余量；再用记号笔对准转向盘内中线进行描边，裁剪多余部分。

图 4-1-24 制作转向盘样板

（5）样板修正（图 4-1-25）

通过正确估算开料尺寸及实时尺寸的修正，使包裹出来的转向盘有良好质感和绷紧感。

在制版时，由于皮料有一定的延展性，因此在长度选取过程中需要按实际测量长度的 95% 作为来料长度。

盘幅跨接宽度即为正面盘幅到背面盘幅宽度。开料最大宽度在盘幅跨接宽度的基础上两边预留 2cm。开料最小宽度为转向盘界面周长，可通过水银笔对转向盘内圈进行中线标记。

截面缝接处应位于转向盘的正上方，制版时需做好相应标记。

（6）转向盘皮革包裹尺寸测量

1）特殊位置标记。

2）测量转向盘外圆周长。

3）测量转向盘截面周长。

4）测量盘幅跨接宽度。

5）标记内圈中线。

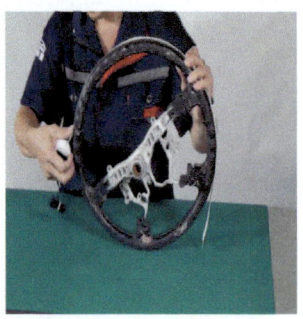

图 4-1-25 样板修正

（7）调整（图 4-1-26）

根据皮样在样纸上制版，并根据转向盘尺寸不断调整样板。

技术要点：为解决原始皮样边缘不规则的问题，在样纸上将样板边缘规整，并不断调整样板尺寸，直至皮料上下接合，正好处于转向盘内中线处。

图 4-1-26 调整

（8）裁料（图 4-1-27）

根据样板裁剪转向盘套。

技术要点：根据样板裁剪出包裹转向盘套，保证尺寸与样板一致。

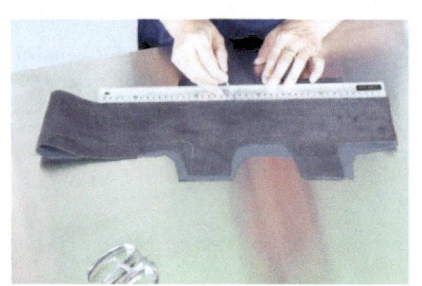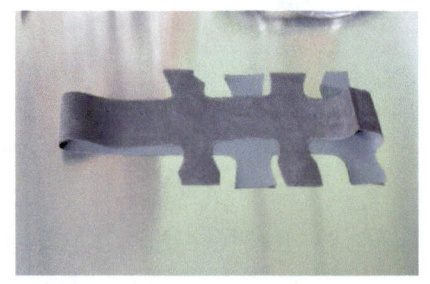

图 4-1-27 裁料

（9）转向盘套边缘处理（图 4-1-28）

转向盘套的边缘有两种处理方法，一种是在边缘4mm处缝固定线，用于转向盘套的缝合；另一种是在转向盘边缘4mm处打孔，用于转向盘套的缝合。

（10）缝合转向盘套（图4-1-29）

在转向盘套贴合面喷涂胶水，让转向盘套包裹后贴合更紧密。

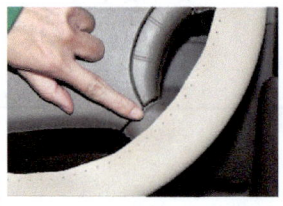

a) 缝线　　　　　b) 打孔

图 4-1-28 转向盘套边缘的处理

转向盘套的缝制

采用交叉法、麦穗法穿线的方式对转向盘套进行缝合，缝合过程中要拉紧缝合线，确保转向盘套紧包转向盘，转向盘套接口衔接紧密。

（11）检查验收（图4-1-30）

用手抚摸转向盘表面，检查所包裹的皮革是否与转向盘贴合紧密；检查皮革收边是否完好平整。

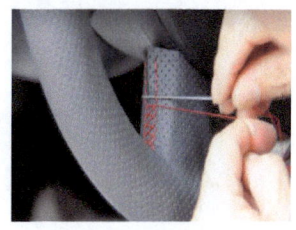
a) 交叉缝合法

b) 麦穗缝合法

图 4-1-29　常见两种缝合法　　　　　图 4-1-30　检查验收

检查评价

转向盘皮革包覆评价表

车牌		车型		施工员	
考核内容	作业技术评价	评分标准		配分	得分
拆卸 （28分）	拆卸安全性	拆卸前进行安全检查		7	
	拆卸过程顺序正确	拆卸转向盘连接器件		7	
	拆卸工具选用	使用专用工具拆卸安全气囊盖板		7	
	拆卸操作正确性	正确取出转向盘		7	
裁剪皮料 （28分）	裁剪过程安全	裁剪过程操作无重大伤害		7	
	裁剪前的检查	检查皮料无严重划痕，无穿孔，无严重色差		7	
	裁剪尺寸合理性	皮料尺寸要超过所包覆内饰件的边缘20mm		7	
	开孔定位准确性	安装附件的开孔位置偏差不超过1mm		7	
涂胶覆皮 （21分）	涂胶操作安全	涂胶过程有通风，并佩戴劳保口罩		7	
	开胶比例正确	乳胶、稀释剂、固化剂三者按6∶1∶0.3的比例稀释胶水		7	
	覆皮完整性	胶水固化后无气泡，无褶皱，无漏涂区域		7	
安装 （23分）	安装安全性	安装过程无受伤		7	
	安装完整性	安装过程无零部件遗漏		8	
	安装效果良好	顶盖边缘缝隙不大于0.6mm		8	
总分				100	

学习情境二　转向盘水转印与碳纤维装潢

 情境描述

小陆驾驶的轿车是发泡材料转向盘，使用多年后，转向盘皮革出现部分磨穿现象，由于小陆是个追求时尚的年轻人，他想对现有的转向盘进行碳纤维或水转印装饰来提升车辆档次。

 学习目标

知识目标：
1. 知道常见水转印承印材料。
2. 知道水转印的制作要求及工艺流程。
3. 知道常见水转印工艺设备。
4. 知道水转印技术分类。
5. 知道常见碳纤维的分类。

技能目标：
1. 能对转向盘水转印过程中常见不良问题进行分析。
2. 会正确实施转向盘碳纤维包裹施工。

职业素养目标：
1. 具有工程质量观念、企业效益观念，具有安全意识、责任意识、环保意识、成本意识等工程素养。
2. 具有科学的认知理念、勇于实践的工作作风、较强的创新能力。

 相关知识

水转印是利用水作为溶解媒介将带彩色图案的转印纸/转印膜进行图文转移的一种印刷方式。其特点是基本不受产品形状的限制，特别复杂或者面积特大、超长、超宽的产品也能装饰。近年来，水转印技术越来越多地应用于汽车内饰改装。

汽车碳纤维又称汽车碳化纤维，泛指一些以碳纤维编织或多层复合而成的材料。因为它又轻又坚硬，所以用途很广泛，有着质轻、安全、经济的特点。

学习知识1　水转印技术应用

水转印曲面印刷的原理是将特殊化学处理的薄膜，印上所需的色彩纹路，再平放于水的表面，利用水压的作用和活化剂，使水转印载体薄膜上的剥离层溶解转移，则色彩纹路图案均匀地转印于产品表面，此时披覆薄膜自动溶于水，经清洗及烘干后，再喷上一层透明的保护涂层。水转印工艺流程见表4-2-1。

表 4-2-1　水转印工艺流程

表面处理	需对被转印物体进行表面处理，如表面修补、研磨、清洁、除油等，为施涂底色漆创建良好的表面
底漆喷涂	为了封闭被转印物体底材，增大被转印物体的附着力，需对其进行底漆喷涂处理。如需转印的纹理遮盖力较差，可以使用可调灰度底漆进行底漆喷涂。如需转印特殊效果纹理可使用其他颜色作为底材基色，如木纹基本使用棕色、咖啡色、黄色等，石纹基本使用白色等
烘烤	需对施涂底漆涂层的被转印物体进行干燥，既可以自然干燥也可以强制烘干。自然干燥需要 6h 以上，若使用强制烘烤，在 60℃下约 25min 即可完全干燥。可用 320~400 号砂纸进行轻轻打磨，观察砂纸目孔堵塞情况来判断底漆层是否完全干燥
膜的印刷	根据客户需求，在高分子薄膜上印上各种特定的图案
膜的延展	让膜在水面上平放，并待膜伸展平整
喷活化剂	在完全延展的膜上喷涂活化剂（特殊溶剂），使转印膜由图案活化成油墨状态
图案转印	利用水压将经活化后的图案印于被转印物上
水洗	将被印工件残留的杂质用水清洗，把残余油墨状态的印膜冲洗干净
烘干	将被转印工件进行烘干
烘烤	为提高烘干效率，可使用强制加热，温度要视材料的塑性和熔点而定
喷涂面漆	待工件完全干燥后，在其表面喷涂清漆层来保护被印图膜
瑕疵处理	如在漆面上残留轻微瑕疵，可以对其进行研磨及抛光处理

1. 水转印工艺设备

常见水转印设备有恒温转印槽、自动流膜转印设备、活化剂自动喷涂设备、水洗设备、烘干设备、底漆和面漆喷涂设备等。

2. 水转印膜

水转印膜是用凹版印刷机采用传统的印刷工艺，在水溶性聚乙烯醇薄膜表面印刷而成的，如图 4-2-1 所示。转印膜在凹版印刷机上印刷能够获得很高的伸长率，印刷成本可大大降低，同时凹版印刷机具有精确的张力自动控制系统，一次可印刷出 48 种颜色，套印精度较高。水转印膜使用的印刷油墨耐水性好，干燥方式为挥发性干燥。

图 4-2-1　常见转印膜

3. 水转印承印材料

根据转印前是否需要涂层，可以将承印材料分为容易转印的材料和需要涂层的材料两类。

容易转印的材料有聚乙苯烯（PS）、ABS、有机玻璃、聚碳酸酯（PC）、聚氯乙烯

（PVC）等材质。这种材料无须在其底材上喷涂涂层就可以转印。

需要涂层的材料有玻璃、金属、陶瓷等非吸收性材料以及聚乙烯、聚丙烯等材料。

4. 水转印技术分类

根据水转印的实现特征，水转印技术有两大类：一种是水标转印技术，另一种是水披覆转印技术。水标转印主要是完成文字和写真图案的转印，通过水分解使文字和写真图案转移到待印物品上，图案及文字可自行确定。

水披覆转印倾向于在整个产品表面进行完整转印，披覆转印技术使用一种容易溶解于水中的水性薄膜来承载图文，由于水披覆薄膜张力极佳，很容易缠绕于产品表面形成图文层。

（1）水标转印制作

1）水转印花纸的制作。根据需要的图案进行电脑处理后输出底片制印版，然后在水转印底纸（经过特殊处理好的纸无需再做处理）上进行各色图案印刷，在印好图案的底纸上再印刷封面油。另一种方法是利用彩色激光打印机直接将图案打印到水转印底纸上后进行水转印。

2）花纸浸泡。把印制好的花纸放入水中，浸泡 30s 后从水中取出，注意浸泡时间不要太长，否则会溶解纸表面的胶。

3）图案转贴。首先将被贴物体的表面进行处理，然后将浸泡好的花纸转贴到被贴物上，再把多余的水分刮除。

4）干燥。金属、陶瓷、塑料和玻璃等物品可进行加热干燥；蜡烛、头盔或强化玻璃不进行烘烤。

5）成品。在烘烤好的物品饰面上再喷一层透明的罩清漆或者哑光清漆，经过干燥使表面起到保护及润色效果，若无瑕疵，即可对成品安装。

（2）水披覆转印制作

1）水披覆转印膜的制作。水披覆转印膜是由凹版印刷机采用传统印刷工艺在水溶性聚乙烯醇（PVA）薄膜表面印刷而成的。

2）被转印物转印前处理。将被转印物表面擦拭干净，然后根据被转印物材料的不同或者是转印膜的花纹不同选择相应颜色和组分的底漆喷于其上，烘干。

3）膜纸入水。将转印膜平放于水中，溶解 50~140s，然后在其表面均匀地喷上能使膜溶解但不破坏膜上油墨的活化剂。

4）转印。将被转印物倾斜一定角度后入水，速度要均匀，待转印部分全部入水后随即搅动水避免其余杂膜重新贴附，然后将转印物取出。

5）水洗及烘干。水压不易过大，避免破坏刚转印的花纹，之后将转印物烘干。

6）清漆喷涂。在转印物表面喷一层清漆或哑光清漆，保护物件表面的花纹，使物体表面有光泽。

7）成品。待清漆干燥后，若无瑕疵即可安装成品。

5. 水转印常见问题

水转印技术在操作时，由于温度、材料等方面问题，会造成褶皱、模糊、水泡、花纹不均匀等现象，其原因分析和改善对策见表 4-2-2。

表 4-2-2　水转印过程常见问题分析

序号	不良状况	原因分析	改善对策
1	花样中有细皱纹存在	膜溶解时间不够（20~30s）	延长溶解时间
2	花样模糊不清	溶解时间过长	缩短溶解时间
3	花样会流动	活化剂喷涂过量	减少活化剂喷涂量
4	产品表面有水泡	活化剂喷涂不均匀，气温、水温过高，活化剂蒸发过快	活化剂喷涂均匀，降低水温、气温，调整活化剂或吸风量
5	转印后花样附着不良	素材表面有油污，物品底漆烘烤太干	清洗素材表面或确认素材材质和底材材料，降低温度或减少时间
6	漆面附着不良	底漆与面漆或面漆与素材不合	需喷涂高附着材料或变更涂料
7	面漆涂装后有气泡或开裂	素材耐溶剂性差，溶剂有残留，物品的底漆硬化不足	变换面漆溶剂或变更漆面或将底漆干燥时间延长
8	面漆涂装干燥后变黄	干燥时间过长，温度过高	降低干燥温度，缩短时间，如上述方法无法改善，需添加耐黄涂料
9	面漆涂装时不均匀	喷涂工具堵塞，涂料混合不当，喷涂参数调整不正确	检查喷涂工具，按照比例调配涂料，正确调整喷涂工具参数

学习知识 2　转向盘碳纤维装潢

碳纤维是纤维状的碳材料，其化学组成中碳元素占总质量的 90% 以上。碳纤维及其复合材料具有高比强度、高比模量、耐高温、耐腐蚀、耐疲劳、抗蠕变、导电、传热和热膨胀系数小等一系列优异性能，既可以作为结构材料承载负荷，又可以作为功能材料发挥作用。因此，碳纤维及其复合材料近年来发展十分迅猛，也成为汽车制造商越来越青睐的材料。它可以使汽车轻量化，凸显汽车的奢华、靓丽和科技色彩。

1. 碳纤维生产工艺

可以用来制取碳纤维的原料有许多种，按来源主要分为两大类：一类是人造纤维，如粘胶丝、人造棉、木质素纤维等；另一类是合成纤维，它们是从石油等自然资源中提纯出来的原料，再经过处理后纺成丝，如腈纶纤维、沥青纤维、聚丙烯腈纤维等。经过多年的发展，目前只有粘胶基碳纤维、沥青基纤维和聚丙烯腈基碳纤维三种原料制备碳纤维工艺实现了工业化。

（1）粘胶基碳纤维

用粘胶基碳纤维增强的耐烧蚀材料，可以制造火箭、导弹和航天飞机的鼻锥及头部的大面积烧蚀屏蔽材料、固体发动机喷管等，是解决宇航和导弹技术的关键材料。粘胶基碳纤维还可作为飞机制动片、汽车制动片、放射性同位素能源盒，也可作为耐腐蚀泵体、叶片、管道、容器、催化剂骨架材料、导电线材及面发热体、密封材料以及医用吸附材料等。虽然它是最早用于制取碳纤维的原丝，但由于粘胶纤维的理论总碳量仅44.5%，实际制造过程热解反应中，往往会因裂解不当，生成左旋葡萄糖等裂解产物，使得实际碳收率仅为30%以下。因此粘胶基碳纤维的制备成本比较高，目前其产量已不足世界纤维总量的1%。但它作为航空飞行器中耐烧蚀材料有其独特的优点，因为含碱金属、碱土金属离子少，飞行过程中燃烧时产生的钠光弱，雷达不易发现，所以在军事工业方面还保留少量的生产。

（2）沥青基碳纤维

20世纪60年代，由日本首先研制出沥青基碳纤维。从此，沥青成为生产碳纤维的新原料，是目前碳纤维领域中仅次于聚丙烯腈基碳纤维的第二大原料。沥青基碳纤维是用聚氯乙稀在惰性气体保护下加热到400℃，然后将所制成的聚氯乙烯沥青进行熔融纺丝，接着在空气中加热到260℃进行不熔化处理（预氧化），再经碳化等一系列后处理得到沥青基碳纤维。目前，熔纺沥青多用煤焦油沥青、石油沥青或合成沥青。

（3）聚丙烯腈基碳纤维

聚丙烯腈基碳纤维的碳收率比粘胶纤维高，可达45%以上，而且因为生产流程、溶剂回收、三废处理等方面都比粘胶纤维简单，成本低，原料来源丰富，加上聚丙烯腈基碳纤维的力学性能，尤其是抗拉强度、抗拉模量等为三种碳纤维之首，因此是目前应用领域最广，产量最大的一种碳纤维。

2. 技术要点

1）不断提高原丝纯度、强度、致密度以及表面光洁度。碳纤维系统工程需从原丝的聚合单体开始，原丝质量既决定了碳纤维的性质，又制约其生产成本。优质聚丙烯腈原丝是制造高性能碳纤维的首要必备条件。

2）杂质越小，越能提高碳纤维抗拉强度。提高强度的过程实质上就是减少、减小缺陷的过程。

3）在预氧化过程中，保证均质化。因此可通过缩短预氧化时间，降低生产成本。

4）高温技术和高温设备以及相关的重要构件十分重要。高温碳化温度一般在1300~1800℃，石墨化一般在2500~3000℃。在如此高的温度下操作，既要连续运行、又要提高设备的使用寿命，所以研究新一代高温技术和高温设备就显得格外重要。如在惰性气体保护、无氧状态下进行的微波、等离子和感应加热等技术。

3. 高温设备

（1）预氧化炉

大型预氧化炉采用多层运行方式以提高生产效率。预氧化炉按照加热空气的组件在预氧化炉内部与外部的区别可以分为内热循环式和外热循环式两种。外热式可利用废气进行再次热交换，利于节能。

（2）碳化设备

碳化炉一般分为低温碳化炉（300~1000℃）和高温碳化炉（1000~1800℃）两种。预氧丝先经过低温碳化炉，然后再进入高温碳化炉，两者形成温度梯度，以适应纤维结构的转化。

（3）石墨化炉

石墨化炉大多是以石墨管为发热体的卧式炉。另外，还有以高能等离子体为热源的石墨化炉和高频石墨化炉。

1. 作业准备

无尘打磨房	原子灰及固化剂	刮板	砂纸 P320
手工锯	环氧树脂	碳纤布	记号笔
AB 胶水	量杯	剪刀	电热鼓风干燥箱
清漆及其固化剂	除油布	除油剂	

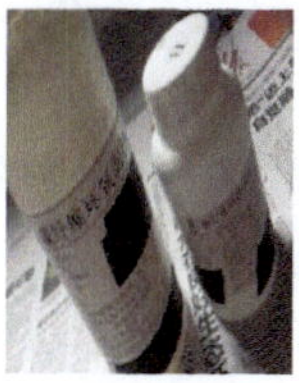

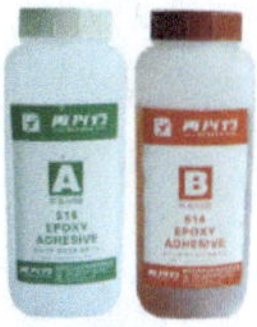

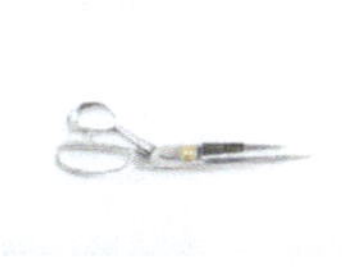

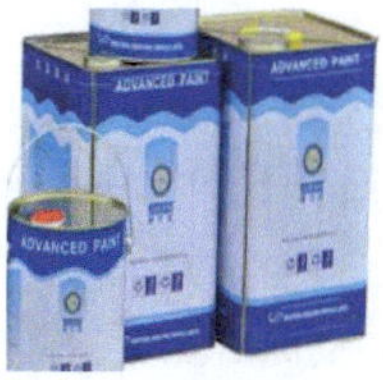

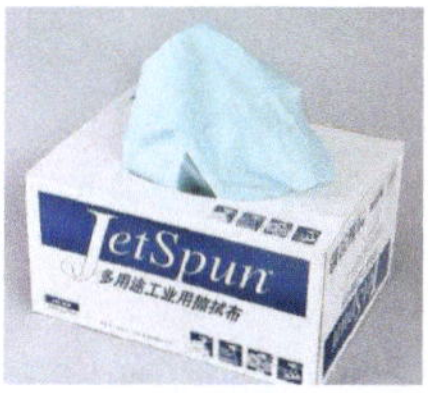

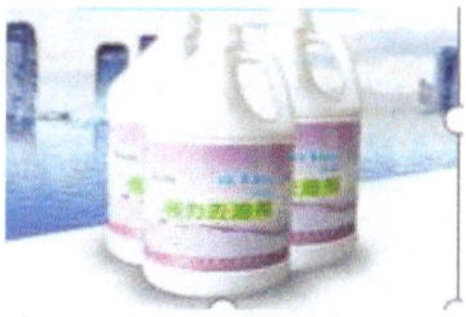

2. 实施过程

当转向盘填充层出现轻微的损伤、凹陷时可以用原子灰进行外形修补（图4-2-2）。常用双组分环氧原子灰对转向盘填充层进行修复，整形后的原子灰最后一道打磨建议使用 P320 砂纸。

若部分用碳纤维改装，应进行碳纤维隔断，一般开槽宽度为 3~5mm（图 4-2-3）。若整个转盘都需要进行碳纤维装潢，则不需要开隔断槽。

为了增强底色遮盖力，在碳纤维包裹前需要对底材进行上色处理（图 4-2-4）。常用黑色色浆与不饱和树脂混合，均匀施涂在需要包裹碳纤维的底材上；也可以直接使用单组分黑色手喷漆代替。

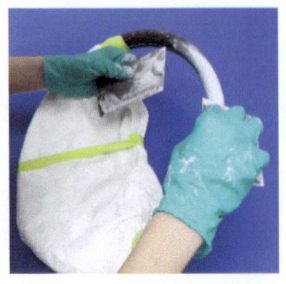  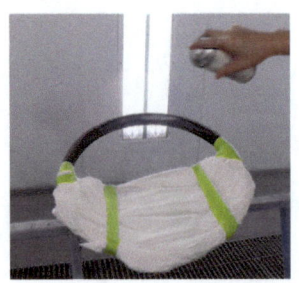

图 4-2-2　原子灰成型　　　图 4-2-3　开隔断槽　　　图 4-2-4　上色

　　根据包裹幅度用记号笔做好标记，为了覆盖完全，开料长度比实际被包裹长度要长（图 4-2-5）。有开隔断槽的，碳纤布两边的长度需要比隔断槽长 30mm。

　　待底色漆完全干透后，把 AB 胶按 1∶1 比例混合（图 4-2-6），均匀涂盖在底色漆层上。

　　把裁剪好的碳纤布紧贴着转向盘，轻轻地覆盖上去（图 4-2-7）。把刚覆盖上去的碳纤布用手指轻轻地抚平，每一部分都要贴紧抚平，把多余的碳纤布用剪刀修掉，尽量剪切整齐。

 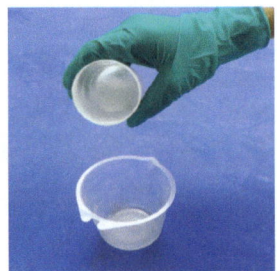 

图 4-2-5　碳纤布的裁剪　　　图 4-2-6　胶水混合　　　图 4-2-7　碳纤布的包裹

　　再次在覆盖面上涂抹 AB 胶水，重复两到三次碳纤布覆盖操作（图 4-2-8）。完成碳纤布覆盖后，用铁丝把在槽中的碳纤布塞进槽里面，避免碳纤布露出槽外，并用小刀把槽外多余的碳纤布修掉。

　　进行烘烤（图 4-2-9），烘烤时间：35~45min；烘烤温度：80℃；定时检查，避免产品变形。

　　待碳纤布完全烘干好，在其表面施涂清漆（图 4-2-10）。清漆、固化剂和稀释剂比例为 20∶10∶1。喷涂两层，注意层间需要 3~5min 闪干时间。喷涂后可自然干燥或通过红外线强制加热。

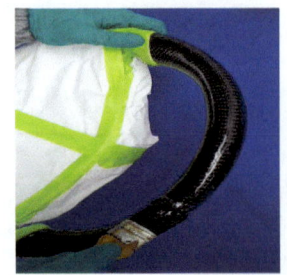  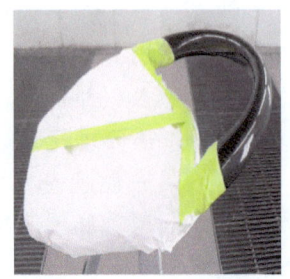

图 4-2-8　碳纤布修整及重复包裹　　　图 4-2-9　烘烤　　　图 4-2-10　喷涂清漆

待清漆彻底干燥后，观察有无施工瑕疵（图 4-2-11），如出现尘点、轻微印痕，可通过抛光进行处理。

图 4-2-11 效果图

检查评价

转向盘碳纤维包裹施工评价表

车牌		车型		施工员	
考核内容	作业技术评价	评分标准		配分	得分
拆卸 （24分）	拆卸安全性	拆卸前进行安全检查		6	
	拆卸过程顺序正确	先拆卸附件，再拆卸顶盖		6	
	拆卸工具选用	使用专用的撬棒撬下附件及顶盖		6	
	拆卸完整性	拆卸过程无零部件遗漏		6	
底材处理 （36分）	原子灰混合	混合比例正确，用料合理		6	
	施涂原子灰	原子灰施涂无遗漏、无砂眼		6	
	原子灰打磨	原子灰打磨平顺，整体形状对称合理		6	
	开隔断槽	开槽位置合理、对称，槽宽一致		4	
	上色	涂层均匀，无流挂		4	
碳纤维 包裹 （32分）	碳纤维布开料	开料位置及尺寸合理		4	
	AB 胶混合	混合比例正确，施涂均匀		6	
	碳纤布包裹	包裹均匀，纹理连接无遗漏		6	
	烘烤	无溶剂残留，物件无变形		4	
	清漆喷涂	混合比例恰当，施涂均匀，无流挂		6	
	瑕疵处理	处理后，满足交货质量		6	
安装 （18分）	安装安全性	安装过程无受伤		6	
	安装完整性	安装过程无零部件遗漏		6	
	安装效果良好	配合间隙合理，无变形		6	
		总分		100	

任务五

中控仪表板及内饰板装潢

中控仪表板及内饰板装潢是汽车内饰改装中最常改装的部分，对汽车整车主题效果的提升有着不可或缺的作用。符合车主自身个性的装潢能使人感到舒适愉快，提高汽车的档次及满足消费者的个性化需求。

北欧风情

红色风暴

学习情境一　中控仪表板装潢

 情境描述

小郭最近买了一款新车，由于预算问题，只能买到此车型的低配版本，中控仪表板大面积地采用了硬塑料，手触碰的感觉偏硬，且略显低端。小郭准备对新车的中控仪表板进行内饰升级，升级成皮质中控仪表板，使车内档次显著提升。

 学习目标

知识目标：
1. 知道中控仪表板的主要组成部件。
2. 知道中控仪表板材质的分类。
3. 知道中控仪表板装潢的工序。

技能目标：
1. 能对胶水进行调配。
2. 会正确使用喷枪进行胶水喷涂。
3. 能正确实施拆卸、制版、剪裁、贴皮与安装等工序。

职业素养目标：
1. 具有工程质量观念、企业效益观念，具有安全意识、责任意识、环保意识、成本意识等工程素养。
2. 具有科学的认知理念、勇于实践的工作作风、较强的创新能力。

相关知识

在对中控仪表板进行装潢时，需要知道中控仪表板的组成及功用、中控仪表板材质、汽车卡扣的种类，并且熟练使用装潢过程中所用的材料及工具设备。

学习知识 1　中控仪表板组成及功用

仪表板是汽车内饰中结构最为复杂、零部件数量最多的总成零件。作为汽车的控制中心和装饰焦点，仪表板集技术和艺术于一身，它的外观质量和风格差异决定了客户对整车内饰的评价。

中控仪表板总成作为汽车座舱系统的重要组成部分，一般而言，由以下几部分组成：仪表板本体、各种电器仪表、开关、音响娱乐系统及其附件、通风系统、前排乘客侧安全气囊、杂物箱、装饰面板、金属加强梁以及各种各样的电子线束等，如图 5-1-1 所示。

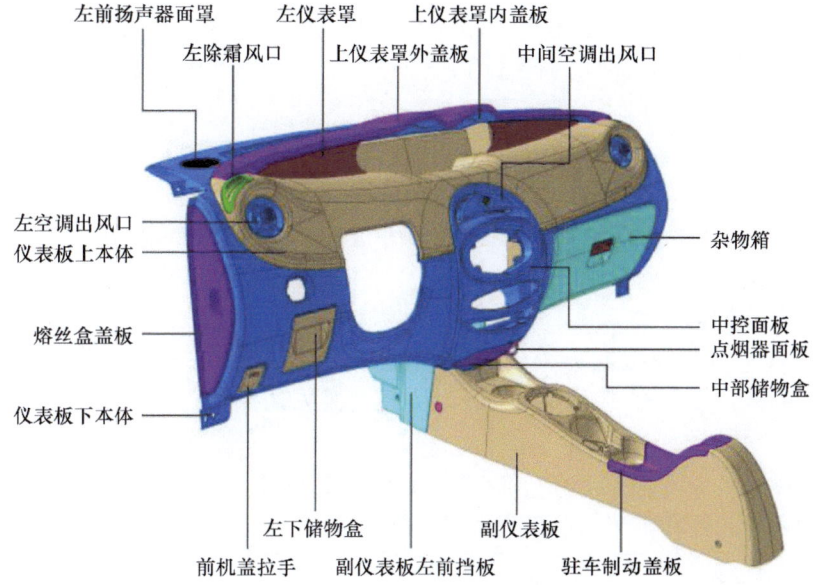

图 5-1-1　中控仪表板的组成

1. 仪表板本体

它是座舱系统的载体和框架。

2. 各种电器仪表、开关、音响娱乐系统及其附件

随着现代科学技术的发展,汽车仪表板用电子显示技术代替传统的机电式模拟仪表已成为发展的趋向,真空荧光管显示、液晶显示、电致发光显示和高压驱动器集成电路等技术,具有测试反应速度快、指示准确、图形设计灵活、数字清晰、可视性能好、集成化程度高、可靠性强、功耗率低等优点。中间后视镜上以及仪表板前窗投影抬头显示也有类似先进技术应用。这样驾驶人在开车的同时,仍然可以清楚地看到仪表数字及其他信息的变动。其中,附件包括其他一些功能性零件,如组合仪表、车灯开关、收音机、熔丝盒、继电器盒等。

3. 通风系统

通风系统主要由鼓风机、风道、风门和出风口组成,是冷暖风的出风通道及空调控制系统的重要组成部分。

4. 前排乘客侧安全气囊

它是现代汽车必备的安全装备,通常气囊系统由气体发生器、气袋、安装金属框架、气囊导向框架和气囊盖板组成。现在越来越多的车型采用无缝气囊,它是用激光或铣刀等技术切割仪表板的背面到一定程度,辅助气囊的打开方向。很多车型的仪表板使用的都是无缝气囊,其主要特征是在前排乘客侧从正面无法看到切割痕迹,但从仪表板正面"SRS/AIR BAG"的标志可知已经装备了安全气囊。但目前仍然有部分中高档轿车继续使用有缝气囊,如上汽荣威、上汽大众领驭等,其主要特征为在前排乘客的前方可以清晰看到气囊安装的区域。

5. 杂物箱

杂物箱由内外盖板、相关的电器、照明零件、冷却系统等组成。

6. 装饰面板

装饰面板各种各样,可能是桃木的或塑料表面覆盖面漆,或金属合金等。根据车型的档次和内饰总体风格不同进行选用。

7. 金属加强梁

加强梁承受了座舱系统各个零件的载荷,包括气囊弹出的动载荷及转向管柱、转向盘、收音机、组合仪表、杂物箱等静载荷。因此汽车座舱系统都有强大的加强梁。它也是仪表板系统装配到整车系统上时定位和连接的重要部位,整车厂多运用精确的激光定位来安装。

8. 各种各样的电子线束

副仪表板作为仪表板的延续,工艺与仪表板接近,现在多数轿车将空调、音响等设备的控制部件安装在副仪表板上,以方便驾驶人的操作,同时也显得整车布局紧凑、合理。

副仪表板系统装在有地毯的车身通道上时,在受到一定载荷的作用下,应该满足所有的外观和功能要求,诸如防变形和扶手箱的正常开启关闭等。

学习知识 2　中控仪表板材质

1. 仪表板分类

仪表板按舒适性可分为硬塑仪表板、软质仪表板。

1）仪表板本体以注塑工艺制成的为硬塑仪表板，因其工艺简单、投资低等优势而被广泛应用，尤其是中低档车，如图 5-1-2 所示。

2）软塑仪表板是在注塑骨架外吸附并粘结复合表皮，使其外观有皮质感，同时在骨架和表皮之间填充聚氨酯泡沫，吸塑表皮的背面也可以直接附带一层泡沫，这样既提高触感又增加吸收能量的能力。

图 5-1-2　硬塑仪表板

目前表皮主要有真空热成形表皮和搪塑表皮。前者由传统的仿真皮工艺制成；后者在近年因其花纹均匀、无内应力、设计裕度高等特点被广泛应用，并得到客户高度认可，已经成为中高档车主流配置，如图 5-1-3 所示。

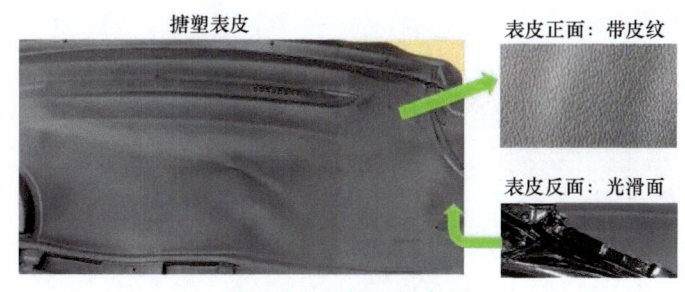

图 5-1-3　软塑仪表板

2. 真皮包覆

随着人们对于汽车内饰审美要求的不断提高，真皮包覆工艺在高档轿车上的应用越来越多。

真皮包覆工艺采用天然动物皮革作为仪表板表皮的材料。目前最普遍的工艺方法是将皮革缝合后采用手工包覆。

3. 木质或者仿木质材料

木质或者仿木质材料是轿车内装饰的主要材料之一，镶嵌在仪表板、中控板（副仪表板）、变速杆头、门扶手、转向盘等地方。目前流行木质或仿木质内饰，以体现轿车的装饰高档化。

轿车内饰木质材料一般是指胡桃木和花梨木，多用胡桃木，因为这些木材的优点是纹理优美，坚韧，不易变形。因此，一些高中档轿车用胡桃木做内饰材料，配上真皮面料座椅、丝绒内饰面料等，相辅相成，尽显一种优雅与华贵的氛围。

仿木质装潢是指在仪表板和副仪表板塑料零部件的表面附合一层带木纹效果或其他效果的装饰膜，因为贴合紧密，效果逼真，表面耐磨耐刮性能强，所以堪与实木效果媲美。

除了木质或者仿木质材料之外，现在还有如镀铬、金属漆之类的亮点产品，且已成为内饰装饰的重点。加入了这些元素后，提升了车内的豪华感、庄重感。

对于木质或者仿木质材料装饰面板，要达到木纹效果，使用的工艺有模内装饰、水转印以及真木等工艺。

学习知识3　中控仪表台装潢用品

1. 胶水

胶水是连接两种材料的中间体，多以水剂出现，属精细化工类产品，种类繁多，主要以粘料、物理形态、硬化方法和被粘物材质来进行分类。

常见的有瞬间胶（1203瞬干胶，氰基丙烯酸乙酯强力瞬间黏合剂）、环氧树脂粘结类、厌氧胶水、UV胶水（紫外线光固化类）、热熔胶、压敏胶、乳胶类等。

在汽车内饰装潢中，胶水用来粘贴内饰部件与皮料，使接触面积更加紧贴。

（1）粘接工艺

由于胶水和被粘物的种类很多，所采用的粘接工艺也不完全一样，概括起来可分为：

1）胶水的配制：在使用过程中，务必严格按照胶水配制比例进行配制，参见胶水使用说明书。

例如某品牌胶水的成分及配制比例为白色乳胶：稀释剂：固化剂=6:1:0.3。

2）被粘物的表面处理。

3）涂胶。

4）晾置，使溶剂等低分子物挥发凝胶（只限于一些特殊胶水，一般的胶水不用晾置）。

5）叠合加压。

6）清除残留在制品表面的胶水（施胶时注意点这一步就可以避免）。

（2）胶水材料说明

1）白色乳胶：所需乳胶具有低变应原、抗菌和抗尘特性，并且使用无毒的环保黏合剂。pH值要在7~7.2之间。

2）稀释剂：用来稀释胶水。

3）固化剂：会使胶水加速交联反应，是一类增进或控制固化反应的物质。

2. 喷枪

喷枪是利用液体或压缩空气迅速释放产生的压力作为动力的一种设备，用来喷涂专用的胶水和色漆。

空气喷枪根据供给方式可分为重力式喷枪、虹吸式喷枪和压送式喷枪三种，如图5-1-4所示。

a) 重力式喷枪

b) 虹吸式喷枪
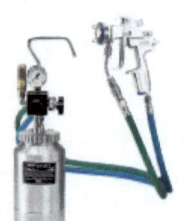
c) 压送式喷枪

图5-1-4　喷枪的分类

（1）喷枪的工作原理及结构

空气喷枪是利用压缩空气作为动力源，经空气喷枪内部再由风帽处喷射出来，并在喷嘴前端产生极强的负压，将胶水从喷嘴内吸出。胶水在压缩空气高速喷射力的作用下，被雾化成细小液滴，均匀地喷洒在工件表面。

空气喷枪的结构如图 5-1-5 所示，其中蓝色通道是空气喷枪内部压缩空气传输路径，红色通道是胶水的传输路径。

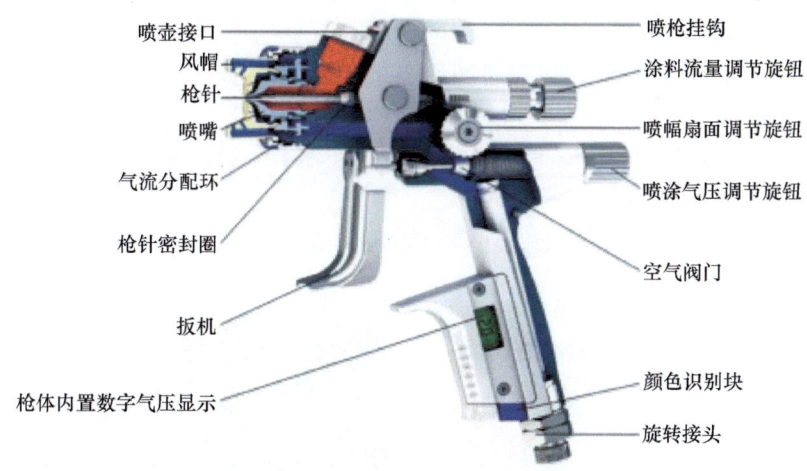

图 5-1-5　喷枪的结构示意图

空气喷枪的扳机扣动有两档，扣动扳机的第 1 档时，空气阀门打开，压缩空气经由蓝色通道到达风帽各个气孔并高速喷出；扣动扳机的第 2 档时，枪针向后移动，喷嘴打开，胶水在压缩空气的作用下沿红色管道由喷嘴处喷出。涂料雾化如图 5-1-6 所示。

空气喷枪中的核心部件是喷嘴套装，包括风帽、喷嘴、枪针。风帽上有 3 种不同的孔，中间为中心雾化孔，中心雾化孔两侧为辅助雾化孔，两端伸出部位的侧孔为扇幅控制孔，风帽上还标明配套喷嘴的口径，如图 5-1-7 所示。风帽上的气孔若有胶水残留或清洗不当，会破坏压缩空气的流通平衡，空气喷枪的雾化效果就会越来越差。

图 5-1-6　涂料雾化

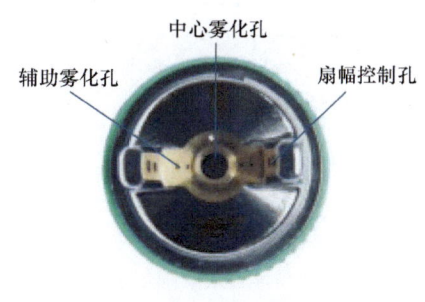

图 5-1-7　风帽

空气喷枪喷射出的椭圆形喷幅有 3 个区：最里层是中心湿润区，中间是雾化区，外层是过度雾化区，如图 5-1-8 所示。

（2）喷枪选择

1）高黏度、高浓度的胶水

① 大面积喷涂（比如胶合板类）：选择大口径的喷枪来喷涂，容易出胶水，口径一般选择特制的 3.0~4.0mm 喷枪。

② 小面积喷涂常见的是圆形喷雾喷枪，口径选择在 1.3~1.5mm。

2）一般浓度的黏合剂：点胶枪适合手工点胶使用，常用于粘结小边角类产品。

3）水性胶水（浓度低）：可以对照油漆来选择，一般口径在 1.0mm 左右即可。

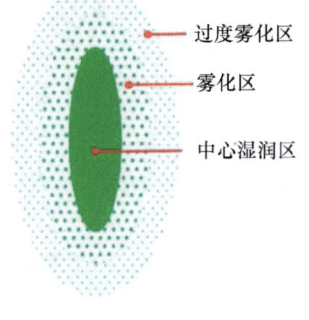

图 5-1-8　椭圆形喷幅分区

4）在仪表台装潢操作中，喷枪口径的选择推荐 1.3~1.8mm。

3. 热风枪

它主要用于板件的收缩作业，还可以缩短干燥时间。在本项目中，它用于辅助贴敷，使胶水更加均匀，如图 5-1-9 所示。

 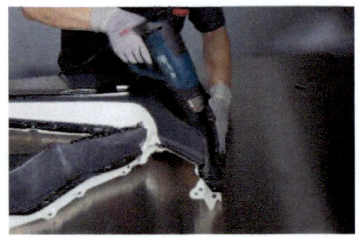

图 5-1-9　用热风枪作业

学习知识 4　汽车卡扣的介绍

汽车零部件之间的连接，除了螺钉、螺栓、焊接及粘接以外，也广泛运用卡扣连接。由于使用范畴不同，其形状、材料、规格有所不同。卡扣使用方便，简单牢靠，经济性好。汽车上常见的卡扣类型及用途见表 5-1-1。

表 5-1-1　卡扣类型及用途

序号	图形	名称	位置
1		D 型卡扣	前车门，后车门，后隔板下装饰板，C 柱下装饰板，C 柱上装饰板，A 柱上装饰板，行李舱内饰
2		塑料卡子总成	前车门，后车门，仪表台面板上罩

（续）

序号	图形	名称	位置
3		塑料螺母（通孔嵌装塑料螺母）	前车门，后车门，内把手，副仪表台总成，前照灯固定扣
4		塑料螺母（通孔嵌装塑料螺母）	前车门，后车门
5		塑料卡子总成	通风盖板 $\phi 5.5$ 孔
6		通风盖板扣	通风盖板 $\phi 6$ 孔
7		D型卡扣	三角窗内饰，三角窗外饰
8		母座扣（卡套）	三角窗外饰
9		E型卡扣	发动机罩内装饰板，行李舱侧围，行李舱盖

（续）

序号	图形	名称	位置
10		塑料螺母	前照灯固定扣
11		E型卡扣	车顶内饰
12		E型卡扣	车顶内衬板，仪表台，暖风机和地毯，副仪表台相接处
13		E型卡扣	后隔板下装饰板，后隔板上装饰板，后隔板隔音隔振垫
14		子母扣（K型卡扣）	C柱下装饰板
15		后侧围下装饰板安装卡扣	C柱下装饰板
16		膨胀卡扣（J型卡扣）	前保险杠，格栅，后保险杠

（续）

序号	图形	名称	位置
17		后保险杠安装支架卡扣组合	后保险杠
18		后保险杠安装支架卡扣及垫片组	后保险杠
19		膨胀卡扣	后挡泥板，前挡泥板衬板
20		发动机罩支撑杆卡扣座	发动机罩支撑杆
21		支撑杆卡扣	发动机罩支撑杆固定位
22		拉线扣	发动机
23		盖帽扣	后座椅装饰板和地毯相接处

（续）

序号	图形	名称	位置
24		E型卡扣	副仪表台总成
25		S型卡扣	前保险杠侧和衬板相接处
26		前保险杠安装卡扣	前保险杠侧
27		前保险杠安装卡扣（通孔嵌装塑料螺母）	前保险杠
28		衬板安装卡扣（封闭嵌装塑料螺母）	前挡泥板衬板
29		E型卡扣	右搁脚垫

（续）

序号	图形	名称	位置
30		伸缩扣	前围左右隔音垫
31		伸缩扣	前围隔音垫，右搁脚垫块
32		伸缩扣	前围隔音垫
33		风窗玻璃止动块（1）	前风窗玻璃（2块），后风窗玻璃（2块）
34		风窗玻璃止动块（2）	前风窗玻璃（2块），后风窗玻璃（2块）
35		后座椅垫扣	座垫
36		装饰罩安装卡扣	前座椅

(续)

序号	图形	名称	位置
37		操纵机构拉索卡扣（管线卡箍）	行李舱盖板
38		车门消声块螺栓护套	车门消声块螺栓
39		外手柄安装卡扣	外手柄
40		线束连接卡扣	地毯
41		行李舱盖铰链扭杆塑料卡扣	后背门铰链
42		长孔扎带	天窗

（续）

序号	图形	名称	位置
43		圆孔扎带	天窗
44		卡扣	发动机总成电控单元（ECU）
45		七管夹	底盘
46		五管夹	底盘
47		两管夹	底盘
48		单管夹	底盘

 **任务实施**

1. 作业准备

施工场地	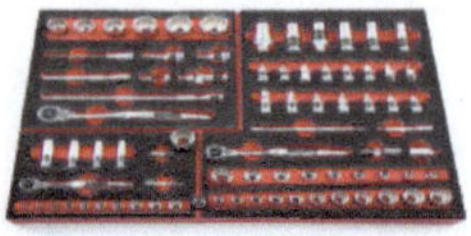 组合工具箱（1）	 组合工具箱（2）	 组合工具箱（3）
 记号笔	 剪刀	 美工刀	 软卷尺
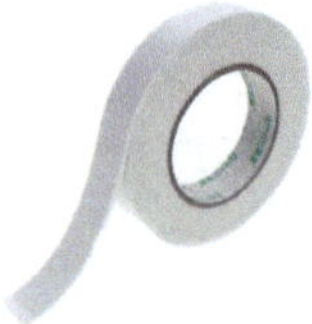 双面胶	 电热风枪	 干磨机	 喷枪
 口罩	 无纺布	 直尺	
砂纸 800#、2000#	 铅笔	 抹布	

2. 实施过程

（1）拆卸

1）断开车辆电源（图 5-1-10）：先断开汽车蓄电池负极，再断开正极，避免在拆卸作业过程中因短路损坏车辆电气设备。

2）拆卸扶手箱（图 5-1-11）：先确认相应螺栓与卡扣的位置；使用专用工具进行拆卸；拆卸过程

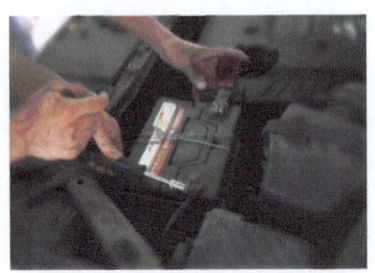

图 5-1-10 切断车辆电源

中避免损伤零部件；拆卸下来的螺栓与卡扣应整理包装好，并做好标记。

 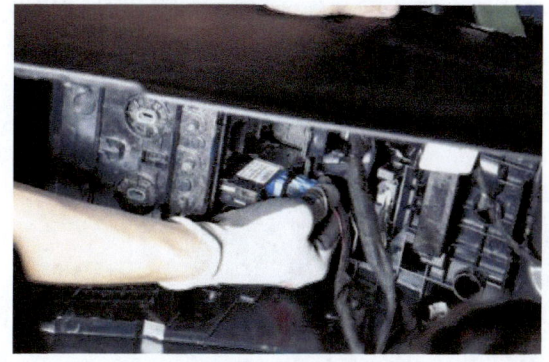

图 5-1-11　拆卸扶手箱

3）拆卸变速杆把手（图 5-1-12）：先确认相应螺栓与卡扣的位置；使用专用工具进行拆卸；拆卸过程中避免损伤零部件。

4）拆卸中控台总成（图 5-1-13）

① 先确认相应螺栓与卡扣的位置；使用专用工具进行拆卸；拆卸过程中避免损伤零部件；拆卸过程中要注意空调出风口零件不要受到挤压，避免出现损坏与变形。

 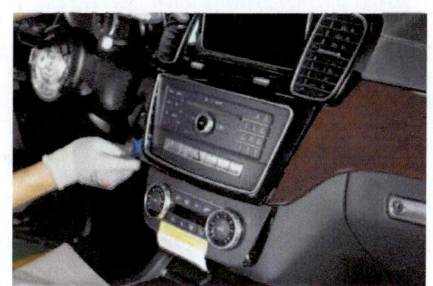

图 5-1-12　拆卸变速杆把手　　　　图 5-1-13　拆卸中控台总成

② 拆卸下来的线束（图 5-1-14）要做好标记；拆卸下来的螺栓应整理包装好并与相应的零件一起放置。

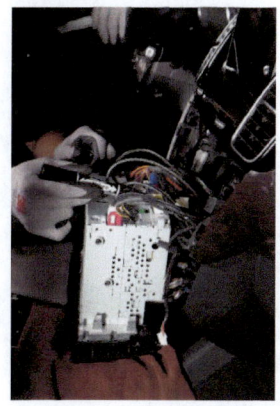 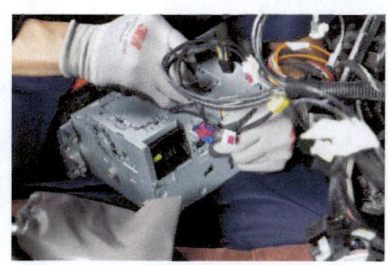

图 5-1-14　拆卸后的中控台总成线束

5)拆卸杂物箱总成及边饰件(图 5-1-15 和图 5-1-16):使用专用工具进行拆卸;拆卸过程中避免损伤零部件;拆卸下来的螺栓和卡扣应整理包装好,并做好标记。

图 5-1-15　拆卸杂物箱总成

图 5-1-16　拆卸中控台边饰件

6)拆卸转向盘(图 5-1-17):先确认相应螺栓与卡扣的位置,拆卸转向盘时要先拆掉安全气囊总成;使用专用工具进行拆卸;拆卸过程中避免损伤零部件;拆卸下来的螺栓应整理包装好并与零件一起放置;如图 5-1-18 所示,拆卸转向盘后,在转向柱螺栓与转向盘上做好定位标记;用胶带密封转向盘、转向柱,避免粉尘污染。

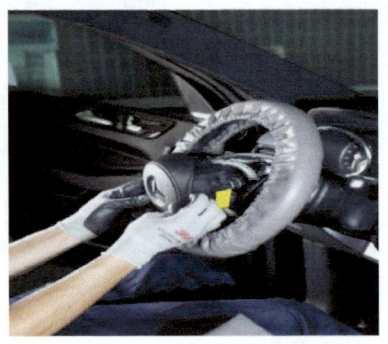

图 5-1-17　拆卸转向盘

7)拆卸仪表板(图 5-1-19):使用专用工具进行拆卸;拆卸过程中避免损伤零部件;拆卸下来的螺栓应整理包装好并与零件一起放置。

图 5-1-18　拆卸后定位与防护

图 5-1-19　拆卸仪表板

8）拆卸灯光与刮水器开关总成（图5-1-20）：使用专用工具进行拆卸；拆卸过程中避免损伤零部件；拆卸下来的螺栓应整理包装好并与零件一起放置。

9）拆卸仪表台架（图5-1-21）

① 先确认相应螺栓与卡扣的位置；使用专用工具进行拆卸；拆卸过程中避免损伤零部件；拆卸过程中要注意空调出风口零件不要受到挤压，避免出现损坏与变形。

图5-1-20　拆卸灯光与刮水器开关总成

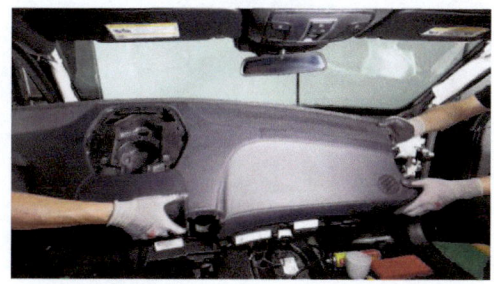

图5-1-21　拆卸仪表台架

② 拆卸下来的线束（图5-1-22）要分类做好标记，零件插头可以用手机、相机拍照留底，方便后续安装。拆卸下来的中控仪表台架如图5-1-23所示。

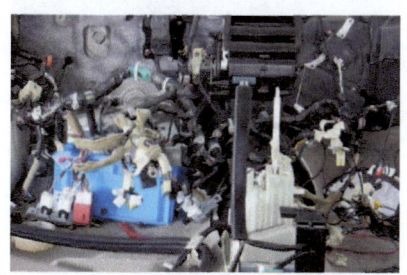
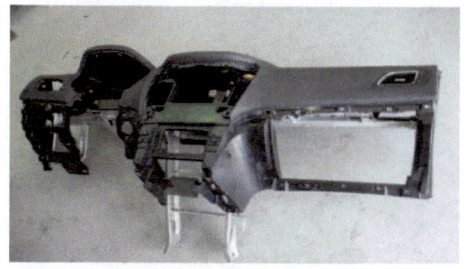

图5-1-22　拆卸后的中控台总成线束　　　图5-1-23　拆卸下来的中控仪表台架

10）零部件整理

① 将拆卸的线束与插头做好对应标记（图5-1-24），方便后续安装。

② 拆卸下来的零件要与螺栓、螺钉、卡扣相应放置，并做好记号；拆卸的零部件要规范放置（图5-1-25），不能随意乱放。

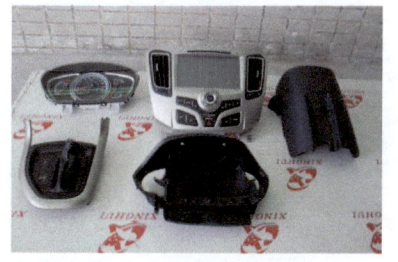

图5-1-24　线束、插头标记　　　图5-1-25　拆卸下来的零部件摆放

③ 内饰件拆卸下来以后，可以用箱子集中分类放置（图 5-1-26）。

④ 所有拆卸下来的内饰件与零部件，运输过程中要做到规范、安全，避免内饰件与零部件在运输过程中出现损伤（图 5-1-27）。

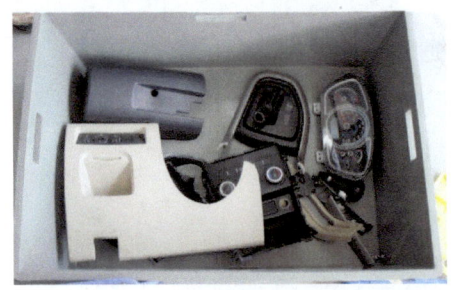 

图 5-1-26　拆卸下来的零件放置　　　　图 5-1-27　拆卸下来的零件运输

⑤ 所有拆卸下来的内饰件与零部件要根据后续工序整理分类放置（图 5-1-28），方便后续工序的开展。

⑥ 将部分内饰件上的附件拆除（图 5-1-29），并用胶带包好，做好记号，方便后续工序作业。

 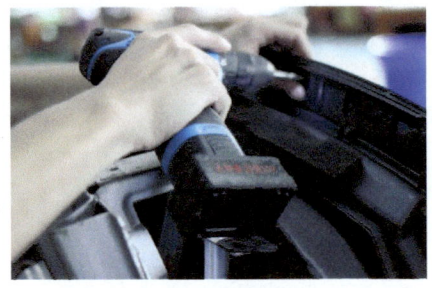

图 5-1-28　拆卸下来的零件分类　　　　图 5-1-29　拆卸内饰件附件

仪表台制版与裁剪

（2）制版与裁剪

1）对中控仪表台表面进行打磨（图 5-1-30）：要先将中控仪表台上的出风口、装饰面板等小零件拆下来，并与相应的螺栓、卡扣做好标记；为了提高中控仪表台表面的附着力，改善后续贴皮工序的质量，打磨时一定要细致、到位。

2）中控仪表台取样：为了保证所取样板的精度，无纺布与仪表台表面用双面胶进行粘贴，使无纺布与仪表台表面贴合更紧密（图 5-1-31）。

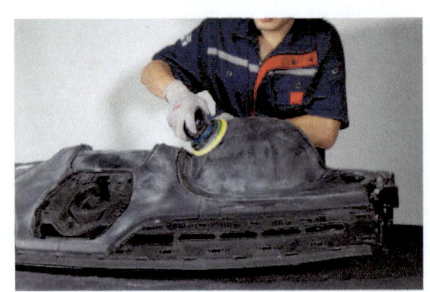 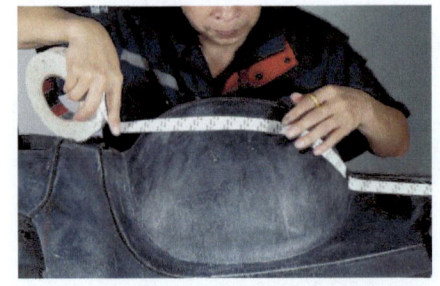

图 5-1-30　打磨中控仪表台表面　　　　图 5-1-31　用无纺布贴合中控仪表台表面

3）画线：无纺布与仪表台表面贴合紧密后，用铅笔沿仪表台表面边缘轮廓进行画线（图 5-1-32），并在连接处、长线中间处等位置做好标记（图 5-1-33）。

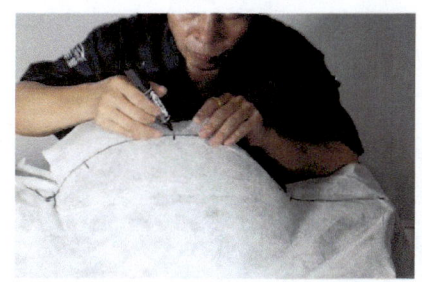

图 5-1-32　在无纺布上画线

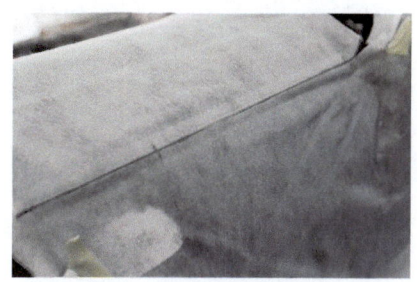

图 5-1-33　无纺布上的描线与标记

4）裁切制版：用划刀（剪刀）沿铅笔所描轮廓线外延大于 20mm 处对无纺布进行裁切（图 5-1-34）；裁切时，不要割伤仪表台表面；裁切好以后，取下无纺布时，不要让无纺布样板（图 5-1-35）出现破损。

图 5-1-34　裁剪无纺布

图 5-1-35　裁剪后的无纺布样板

5）皮料取样

① 如图 5-1-36 所示，用压块在皮料上压住样板，依据样板件上记号笔所做标记，在皮料上用记号笔做出相应的标记。

② 如图 5-1-37 所示，根据仪表台原型的边缘是否有收边口、接口来确定皮料上取样的样品边缘是否外延。切割时，有收边口、接口的位置在皮料上取样时，需由边缘向外延伸 10mm；没有收边口、接口，则不需要外延。

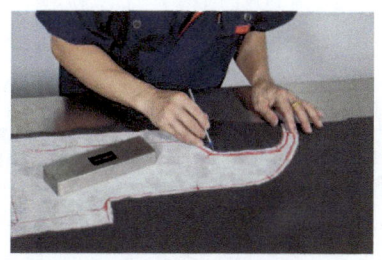

图 5-1-36　压样板做记号

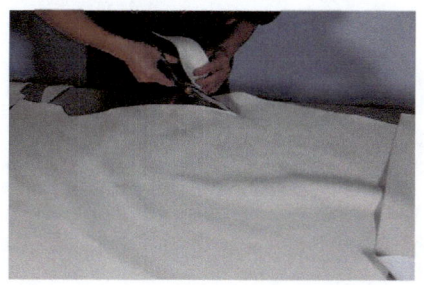

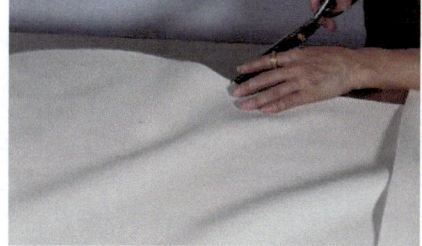

图 5-1-37　裁剪皮料

仪表台缝纫与贴皮

（3）缝纫与贴皮

1）表面打磨（图5-1-38）：先用干磨机对中控仪表台表面进行快速研磨，再用砂纸进行细致打磨，以达到更好的研磨效果，确保贴皮时，皮革与内饰件表面贴合更紧密；仪表台架的边沿位置也要打磨到位，中控仪表台背面边缘10~15mm处也要打磨，作为皮革包裹的收边位。

2）裁剪皮革（图5-1-39）：根据中控仪表台架的样板裁剪一张足够大的皮革用于仪表台架表面包裹，一般所裁剪的皮革尺寸要超过所包裹内饰件边缘20mm。

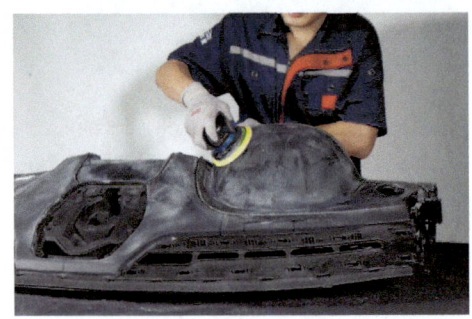
图5-1-38　打磨中控仪表台表面

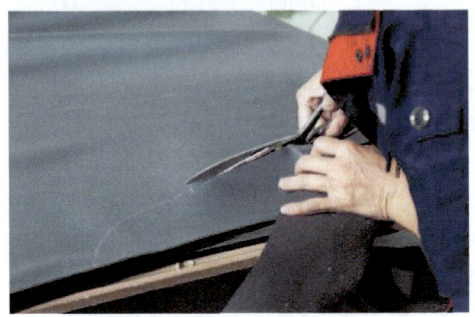
图5-1-39　裁剪皮革

3）喷涂胶水（图5-1-40）：中控仪表台表面与皮革的粘贴面都要均匀地喷涂胶水，可进行两次或者多次喷涂，确保每一个粘贴部位都有胶水，防止贴合以后，出现气泡和凸起。

4）粘贴皮革

① 拉伸皮料粘贴到中控仪表台表面（图5-1-41），用刮刀从中间向四周刮平，并用手指按压皮料表面，以确保皮料与内饰件表面贴合紧密；对中控仪表台安全气囊位置的皮料进行打磨，让该位置的皮料变薄一些，或者将安全气囊位置皮革单独留出，再用棉线与仪表台其他位置皮革缝合在一起，以确保中控仪表台安全气囊功能正常。

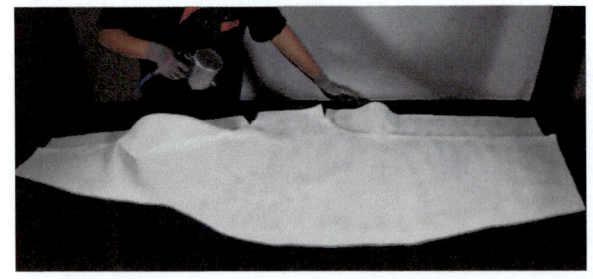
图5-1-40　皮革贴合面喷涂胶水

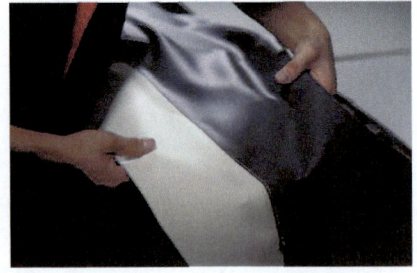
图5-1-41　拉伸粘贴皮料

② 皮革粘贴以后，将边沿多余的皮料裁剪掉（图5-1-42），留出超过内饰件边缘10~15mm的皮料用于收边。

5）平整修边：将内饰件空陷的位置用美工刀割除；用热吹风加热皮革表面（图5-1-43），以增强皮料的延展性，并用手指和刮刀按压抚平皮革表面，清除贴合皮革的凸起与褶皱，让皮革与内饰件贴合更紧密；平整后贴合不严密的地方可重新补喷胶水，再一次进行调整；收边位置有褶皱可以用美工刀进行割除修整。

图 5-1-42 裁剪多余皮料

图 5-1-43 加热皮革表面

6）验收检查：如图 5-1-44 所示，用手抚摸已经张贴好皮革的内饰件表面，检查所张贴的皮革是否与内饰件贴合紧密；检查皮革收边是否完好平整。

（4）安装

1）安装中控台总成（图 5-1-45）

① 先确认相应螺栓与卡扣的位置；使用专用工具进行安装；安装过程中避免损伤零部件；安装过程中要注意空调出风口零件不要受到挤压，避免出现损坏与变形。

图 5-1-44 用手检查张贴皮革

② 根据线束标记，对应安装中控仪表台插头（图 5-1-46）；将改装过的螺栓与卡扣对应相应位置安装，注意安装的先后顺序；安装好以后，检查安装件卡扣是否安装到位，零部件之间间隙是否超过 0.5mm。

图 5-1-45 安装中控仪表台架

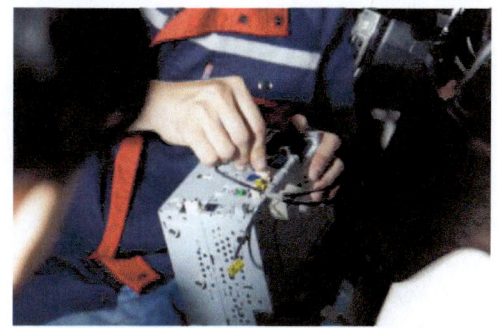
图 5-1-46 安装中控仪表台插头

2）安装灯光与刮水器开关总成（图 5-1-47）：使用专用工具进行安装；安装过程中避免损伤零部件；安装过程中使用对应的螺栓。

3）安装转向盘：先确认相应螺栓与卡扣的安装位置；使用专用工具进行安装，安装过程中避免损伤零部件；根据拆卸时在转向柱螺栓与转向盘上做好的记号，对应安装转向盘；安装气囊（图 5-1-48）时要避免用力敲击，安装过程中要使用对应的螺栓。

图 5-1-47　安装车灯光与刮水器开关总成

图 5-1-48　安装安全气囊总成

4）安装储物箱总成及下饰件（图 5-1-49 和图 5-1-50）：使用专用工具进行安装；安装过程中避免损伤零部件；将改装过的螺栓与卡扣对应相应位置安装，注意安装的先后顺序。

图 5-1-49　安装储物箱总成

图 5-1-50　安装中控仪表台下饰件

5）安装中央扶手箱、变速杆手柄和安全气囊总成（图 5-1-51~图 5-1-53）：先确认相应螺栓与卡扣的安装位置；使用专用工具进行安装；安装过程中避免损伤零部件；根据标记将相应的螺栓与卡扣安装上；安装好以后，检查安装件卡扣是否安装到位，零部件之间间隙是否超过 0.5mm。

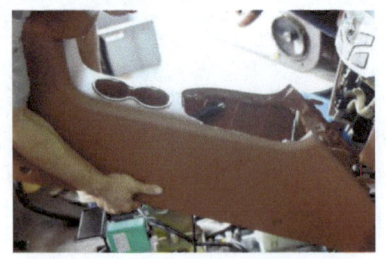

图 5-1-51　安装中央扶手箱

图 5-1-52　安装变速杆手柄

6）竣工检查：检查全车电气设备是否正常，是否能正常使用；检查车身内饰是否有异响、噪声等情况；检查车身内饰件整体改装效果，是否与客户要求一致。

图 5-1-53　安装安全气囊总成

检查评价

中控仪表板装潢施工单

车牌			车型		施工员		
拆卸中控仪表板	中控仪表板脏污	□有 □无		胶钉损坏	□有 □无		其他要求
	中控仪表板变形	□有 □无		天窗漏水	□有 □无		
选择皮料	皮料规格			皮料打孔	□有 □无		
	皮料车线	□有 □无	要求:				
裁剪皮料	皮料缺陷	□有 □无		裁皮边距		mm	
涂胶覆皮	吹净表面	□有 □无		两面喷胶	□有 □无		
	内部鼓包	□有 □无		外部残胶	□有 □无		
中控仪表板安装	边缝间隙		mm	附件安装	□有 □无		

中控仪表板装潢施工评价表

车牌		车型	施工员		
考核内容	作业技术评价	评分标准		配分	得分
拆卸（22分）	拆卸要按照顺序，一般先前再后，先下再上	拆卸顺序正确		4	
	拆卸要正确使用工具，拆卸过程做到对部件和拆卸零件无损坏	拆卸过程对零件无损坏		6	
	拆装完毕要进行零部件的分类和整理，保证零件无遗漏，以便于安装	拆卸过程中做好记号，对有些保护件要进行保护		6	
	必须在规定时间内拆卸完毕	拆卸时间一般为1~2h，必须在规定时间内完成		6	
制版与裁剪（18分）	在原件上进行取样，裁剪	皮料选择要准确，开料规划合理		6	
		打样操作规范准确		6	
		裁剪尺寸准确、标记清晰		6	
缝纫与贴皮（40分）	在原件上进行取样，裁剪或直接蒙皮	皮料选择要准确，开料规划合理		6	
		打样操作规范准确		10	
		裁剪尺寸准确、标记清晰		8	
		蒙皮前的处理要合理		6	
		蒙皮要平整，收边要整齐、不外漏		10	

（续）

车牌		车型	施工员	
安装 （20分）	安装要按照顺序，一般先前再后，先上再下	安装顺序正确	2	
	安装要正确使用工具，安装过程做到对部件和安装零件无损坏	安装过程对零件无损坏	6	
	安装完毕要进行检查，保证安装零件无遗漏	安装过程中对好记号，对有些保护件要进行保护	6	
	必须在规定时间内安装完毕	安装时间一般为1~2h，必须在规定时间内完成	6	
		总分	100	

学习情境二　车门内饰板装潢

 情境描述

小韩刚买了一台二手车，但总觉得该车的内饰板颜色、款式以及摸上去的手感都不太合乎自己的要求，特别是门板饰板和立柱饰板，因此，小韩决定到汽车内饰改装店进行内饰板的改装。

 学习目标

知识目标：
1. 知道门板的主要组成部件。
2. 知道门板及立柱饰板材质的分类。
3. 知道门板及立柱饰板的装潢工艺及工序。

技能目标：
能正确实施拆卸、制版、剪裁、贴皮与安装等工序。

职业素养目标：
1. 具有工程质量观念、企业效益观念，具有安全意识、责任意识、环保意识、成本意识等工程素养。
2. 具有科学的认知理念、勇于实践的工作作风、较强的创新能力。

 相关知识

学习知识 1　车门内饰板

车门内饰板作为内饰的主要设计区域，与仪表板的设计应该和谐连贯。因此，车门内饰板与仪表板的制造工艺和材料也是相近的。车门内饰板的零部件种类相对较少，一般由以下几部分组成，如图 5-2-1 所示。

图 5-2-1　车门内饰板一般结构示意图

1. 门板本体

从早期的热压木粉板逐渐发展为注塑成型门板，以及真空复合带泡沫 PVC 表皮门板。

2. 门窗开关

对车窗的升降和门锁的开关进行操控。

3. 车门警示灯

在开启车门后，提醒过往车辆及人员，避免发生碰撞。

4. 嵌饰板及扶手

一般采用直接注塑、带面料注塑或包覆人造革和真皮工艺（带海绵衬垫）。

5. 喇叭

根据车型档次不同，配备不同类型，直至 Hi-Fi 音响。

6. 地图袋

地图袋与门板本体保持相同风格，但分为固定和各种可能的开合方式，方便乘客放置各类物品。

7. 装饰条

装饰条的风格应与仪表板及整车内饰保持一致。

学习知识 2　车身立柱

1. 车身立柱的作用及分类

车身的立柱起着支撑风窗和车顶的作用，一般下部做得粗大，上部的截面尺寸因需要考虑驾驶视野而缩小。

通常，立柱包括前柱（A柱）、中柱（B柱）与后柱（C柱）三种，如图5-2-2所示。

另外，在SUV、MPV或者一些大型乘用车上的后小窗和后风窗玻璃交接处，还会再有一后立柱（D柱），如图5-2-3所示。

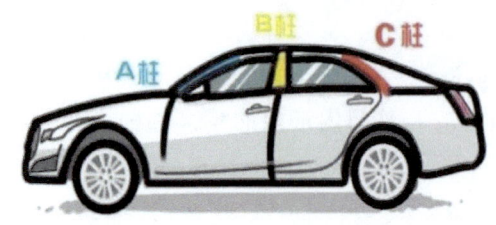 

图5-2-2　一般轿车立柱　　　　图5-2-3　SUV、MPV或大型乘用车立柱

设计师考虑前柱几何形状方案时必须要考虑到前柱遮挡驾驶人视线的角度问题。

中柱（B柱）不但支撑车顶盖，还要承受前、后车门的支承力，并且在中柱上还装置了一些附加零部件，例如前排座位的安全带，有时还要穿电线线束。因此中柱大都有外凸半径，以保证有较好的力传递性能。

后柱（C柱）与前柱（A柱）、中柱（B柱）不同的一点就是不存在视线遮挡及上下车障碍等问题，因此构造尺寸大些也无妨，关键是后柱与车身的密封性要可靠。

2. 立柱饰板材料介绍

立柱饰板材料通常采用高流动、高刚性、抗冲击性良好的PP材料，或者带面料注塑件，也有少量采用热压成型件。立柱饰板表面色泽必须与车内整体颜色协调，要求防静电、耐磨、美观。

 任务实施

1. 作业准备

施工场地　　　组合工具箱（1）　　　组合工具箱（2）　　　组合工具箱（3）

 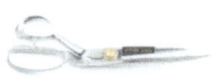  

记号笔　　　　剪刀　　　　　美工刀　　　　软卷尺

任务五 | 中控仪表板及内饰板装潢

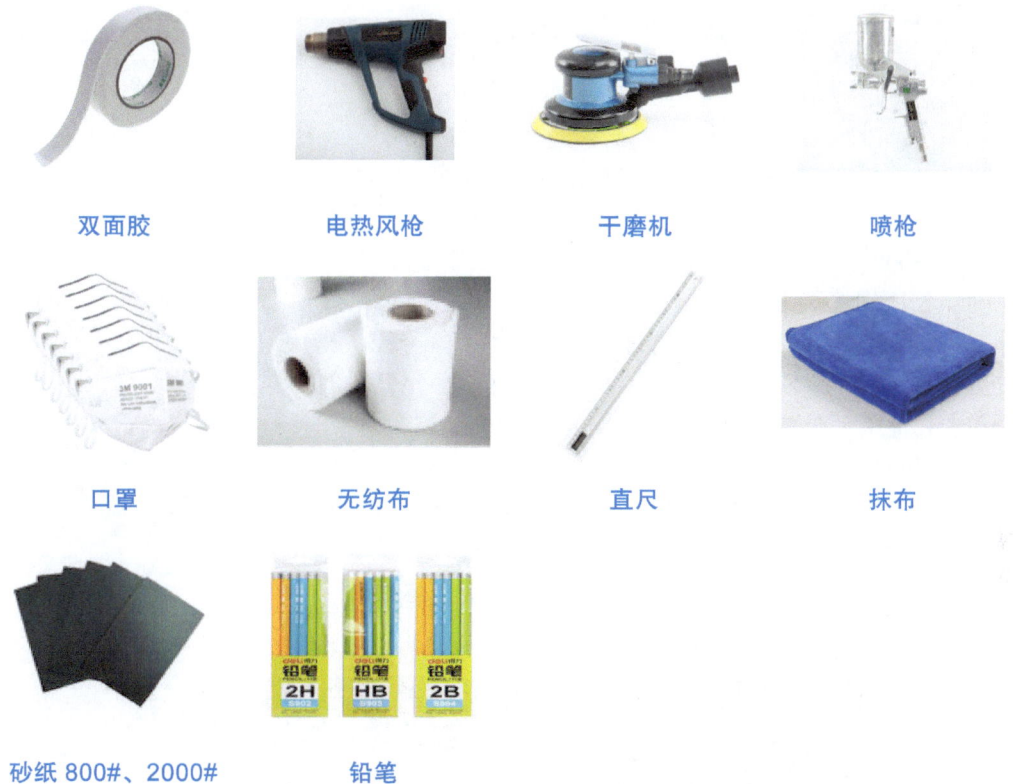

双面胶　　　电热风枪　　　干磨机　　　喷枪

口罩　　　无纺布　　　直尺　　　抹布

砂纸800#、2000#　　　铅笔

2. 实施过程

（1）拆卸

1）断开车辆电源（图5-2-4）：先断开汽车蓄电池负极，再断开正极，避免在拆卸作业过程中因短路损坏车辆电气设备。

2）拆卸左前车门内饰板

① 要先确认车门螺栓与卡扣的位置，再进行拆卸（图5-2-5）。

仪表板、立柱及门板的拆装

图5-2-4　切断车辆电源

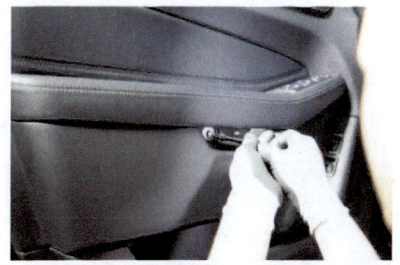

图5-2-5　拆卸车门内饰板螺栓

② 如图5-2-6所示，拆开车门内饰板后，要拔掉门板内侧接线开关和开关拉索，才能将内饰板取出来。

③ 拆卸下来的内饰板（图5-2-7），要放入专用的防护袋中，避免运输过程中出现损伤。

图 5-2-6　拆卸接线开关和拉索　　　　　图 5-2-7　拆卸后的车门内饰板

3）拆卸右前车门内饰板以及后排车门内饰板：先确认相应螺栓与卡扣的位置；使用专用工具进行拆卸；拆卸过程中要及时拆开内饰板插头与接线开关，避免损伤零部件；拆卸下来的内饰板要做好防护，螺栓和卡扣应整理包装好（图 5-2-8），并做好标记。

4）拆卸 A、B、C 柱内饰条（图 5-2-9）及附件：先确认相应螺栓与卡扣的位置；拆开车门密封条，方便拆卸作业；使用专用工具进行拆卸；拆卸过程中避免损伤零部件；拆卸下来的卡扣应整理包装好与零件一起放置。

图 5-2-8　螺栓和卡扣包装图

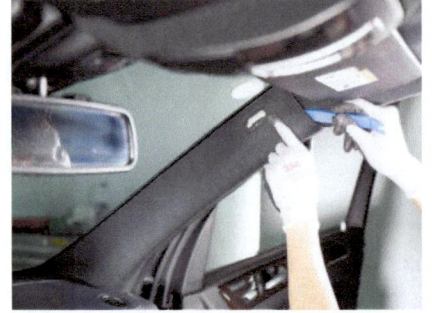

图 5-2-9　拆卸 A、B、C 柱内饰条

5）零部件整理

① 将拆卸的线束与插头做好对应标记（图 5-2-10），方便后续安装。

② 拆卸下来的零件要与螺栓、螺钉、卡扣相应放置，并做好记号；拆卸的零部件要规范摆放（图 5-2-11），不能随意乱放。

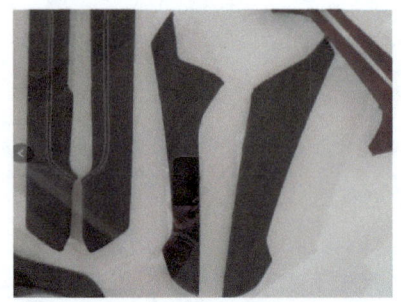

图 5-2-10　线束、插头标记　　　　　图 5-2-11　拆卸下来的零部件摆放

③ 内饰件拆卸下来以后，可以用箱子集中分类放置（图5-2-12）。

④ 所有拆卸下来的内饰件与零部件，运输过程中要做到规范、安全（图5-2-13），避免内饰件与零部件在运输过程中出现损伤。

图5-2-12 拆卸下来的零件放置

图5-2-13 拆卸下来的零件运输

⑤ 所有拆卸下来的内饰件与零部件要根据后续工序，整理分类放置（图5-2-14），方便后续工序的开展。

⑥ 将部分内饰件上的附件拆除（图5-2-15），并用胶带包好，做好记号，方便后续工序作业。

图5-2-14 拆卸下来的零件分类

图5-2-15 拆卸内饰件附件

6）拆卸完成后分类。

（2）制版与裁剪

1）对饰板表面进行打磨（图5-2-16）：打磨前带好口罩，先用干磨机对表面进行研磨，注意力要集中，匀速地打磨，像边沿等部位干磨机磨不了，可用砂纸进行细致打磨以达到更好的效果，还有背面边缘也要打磨，作为皮革包裹的收边位。禁止过度打磨，以免伤害到内饰件。打磨后用气枪清理内饰件，吹掉一些细小的杂物。

2）取样：为了保证所取样板的精度，无纺布与门板、立柱饰板用双面胶进行粘贴，使无纺布与门板、立柱饰板表面贴合更紧密（图5-2-17）。

立柱、门板的打磨、裁剪及包覆

图5-2-16 打磨饰板表面

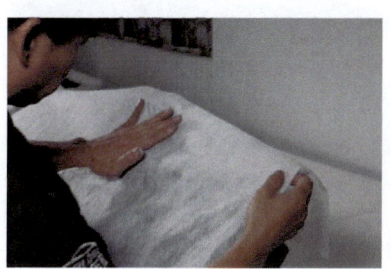

图5-2-17 用无纺布贴合门板、立柱饰板表面

3）画线：无纺布与门板、立柱饰板表面贴合紧密后，用铅笔沿门板、立柱饰板表面边缘轮廓进行画线（图 5-2-18），并在连接处、长线中间处等位置做好标记（图 5-2-19）。

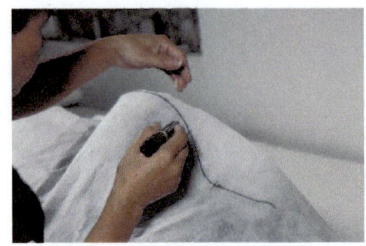

图 5-2-18　在无纺布上画线

图 5-2-19　无纺布上的描线与标记

4）裁切制版：如图 5-2-20 所示，用划刀（剪刀）沿铅笔所描轮廓线外延大于 20mm 的位置裁切无纺布；裁切时，不要割伤门板、立柱饰板表面；裁切好以后，取下无纺布时，不要让无纺布样板出现破损（图 5-2-21）。

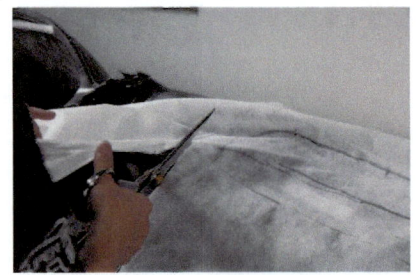

图 5-2-20　裁剪无纺布

图 5-2-21　裁剪后的无纺布样板

5）皮料取样

① 如图 5-2-22 所示，用压块在皮料上压住样板，依据样板件上记号笔所做标记，在皮料上用记号笔做出相应的标记。

② 裁剪皮料如图 5-2-23 所示，根据门板、立柱饰板原型的边缘是否有收边口、接口来确定皮料上取样的样品边缘是否外延。切割时，有收边口、接口的位置在皮料上取样时，需由边缘向外延伸 10mm；没有收边口、接口，则不需要外延。

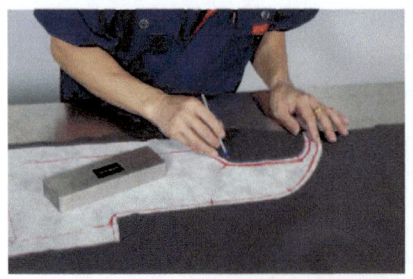

图 5-2-22　压样板做记号

图 5-2-23　裁剪皮料

（3）贴皮

1）表面打磨：如图 5-2-24 所示，先用干磨机对内饰件表面进行快速研磨，再用砂纸进行细致打磨，以达到更好的研磨效果，确保贴皮时，皮革与内饰件表面贴合更紧密；内饰件的边沿位置也要打磨到位，背面边缘10~15mm处也要打磨，作为皮革包裹的收边位。

2）喷涂胶水：如图5-2-25所示，在内饰件表面与皮革的张贴面都要均匀地喷涂胶水，可进行两次或者多次喷涂，确保每一个张贴部位都有胶水，防止贴合以后，出现气泡和凸起。

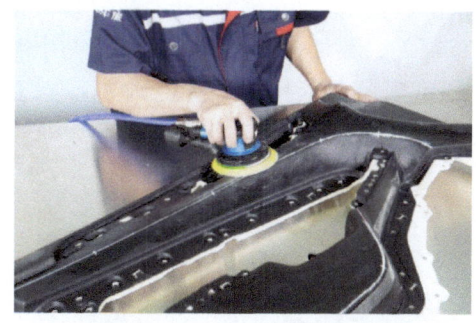

图5-2-24 打磨饰板表面

图5-2-25 A柱内饰件表面喷涂胶水

3）张贴皮料

① 拉伸皮料张贴到内饰件表面（图5-2-26），用刮刀从中间向四周刮平，并用手指按压皮料表面，以确保皮料与内饰件表面贴合紧密。

② 皮料张贴以后，将边沿多余的皮料裁剪掉（图5-2-27），留出超过内饰件边缘10~15mm的皮料用于收边。

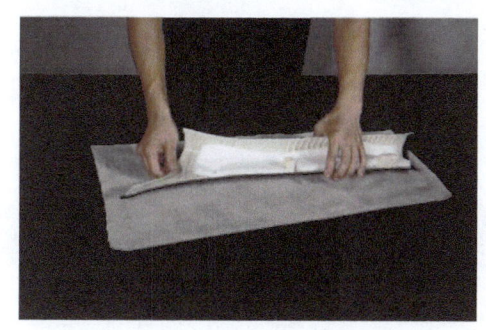

图5-2-26 张贴A柱内饰件皮革

图5-2-27 裁剪A柱内饰件多余皮料

4）平整修边：将内饰件空陷的位置用美工刀割除；用热吹风加热皮革表面，增强皮料的延展性，并用手指和刮刀按压抚平皮革表面，清除贴合皮革的凸起与褶皱，让皮革与内饰件贴合更紧密；平整后贴合不严密的地方可重新补喷胶水，再一次进行调整；收边位置有褶皱可以用美工刀进行割除修整。修整A柱内饰件边缘如图5-2-28所示。

5）验收检查：用手抚摸已经张贴好皮革的内饰件表面，检查所张贴的皮革是否与内饰件贴合紧密；检查皮革收边是否完好平整。

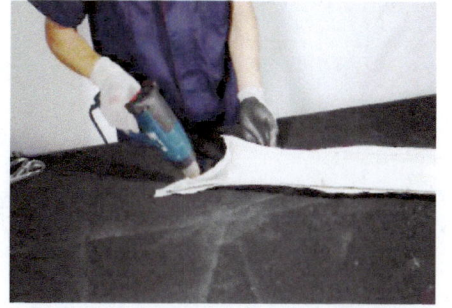

图5-2-28 修整A柱内饰件边缘

（4）安装

1）安装 A、B、C 柱内饰条（图 5-2-29）及附件：先确认相应螺栓与卡扣的位置；使用专用工具进行安装；安装过程中避免损伤零部件；安装之前可以先拆开车门密封条，方便安装作业；安装好以后，检查安装件卡扣是否安装到位，零部件之间间隙是否超过 0.5mm。

2）车门内饰板安装（图 5-2-30）：先确认相应螺栓与卡扣、门锁开关的安装位置；使用专用工具进行安装；安装过程中避免损伤零部件；根据标记将相应的螺栓与卡扣、车门拉索、插头与线束安装上；安装好以后，检查安装件卡扣是否安装到位，车门内饰板与车门之间间隙是否超过 0.5mm。

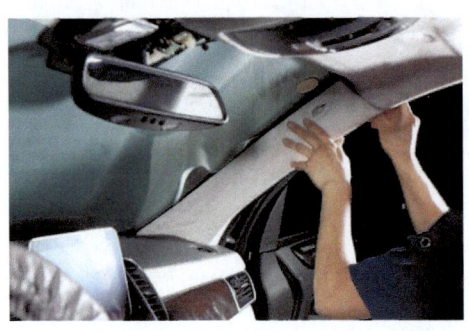

图 5-2-29　安装 A、B、C 柱内饰条

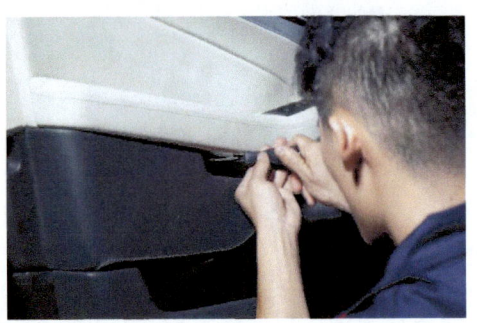

图 5-2-30　安装车门内饰板

3）竣工检查：检查全车电气设备是否正常，是否能正常使用；检查车身内饰是否有异响、噪声等情况；检查车身内饰件整体改装效果，是否与客户要求一致。

检查评价

内饰板装潢（门板及立柱饰板）施工单

车牌		车型		施工员		
拆卸内饰板	内饰板脏污	□有　□无	胶钉损坏	□有　□无	其他要求
	内饰板变形	□有　□无	天窗漏水	□有　□无	
选择皮料	皮料规格		皮料打孔	□有　□无	
	皮料车线	□有　□无	要求：		
裁剪皮料	皮料缺陷	□有　□无	裁皮边距	mm	
涂胶覆皮	吹净表面	□有　□无	两面喷胶	□有　□无	
	内部鼓包	□有　□无	外部残胶	□有　□无	
内饰板安装	边缝间隙	mm	附件安装	□有　□无	

内饰板装潢(门饰板及立柱饰板)评价表

序号	考核内容	考核要点	评分标准	配分	得分
1	拆卸 (23分)	拆卸要按照顺序,一般先前再后,先下再上	拆卸顺序正确	5	
		拆卸要正确使用工具,拆卸过程做到对部件和拆卸零件无损坏	拆卸过程对零件无损坏	6	
		拆装完毕要进行零部件的分类和整理,保证零件无遗漏,以便于安装	拆卸过程中做好记号,对有些保护件要进行保护	6	
		必须在规定时间内拆卸完毕	拆卸时间一般为1~2h,必须在规定时间内完成	6	
2	制版与裁剪 (30分)	在原件上进行取样,裁剪	皮料选择要准确,开料规划合理	10	
			打样操作规范准确	10	
			裁剪尺寸准确、标记清晰	10	
3	贴皮 (24分)	在原件上进行取样,直接蒙皮	皮料选择要准确,开料规划合理	6	
			皮料选择要准确,开料规划合理	6	
			蒙皮前的处理要合理	6	
			蒙皮要平整,收边要整齐、不外漏	6	
4	安装 (23分)	安装要按照顺序,一般先前再后,先上再下	安装顺序正确	5	
		安装要正确使用工具,安装过程做到对部件和安装零件无损坏	安装过程对零件无损坏	6	
		安装完毕要进行检查,保证安装零件无遗漏	安装过程中对好记号,对有些保护件要进行保护	6	
		必须在规定时间内安装完毕	安装时间一般为1~2h,必须在规定时间内完成	6	
		总分		100	

任务六

顶篷装潢

顶篷是汽车内饰中空间面积最大的一部分，而汽车顶篷装潢对汽车整车主题效果的提升有着不可或缺的作用。优秀的顶篷装潢能使人感到舒适愉快，提高汽车的档次及满足消费者的个性化需求。

星空顶篷

宫格顶篷

学习情境一　顶篷的翻新

情境描述

一辆 8 年车龄，行驶里程为 11 万 km 的高尔夫 6，经检查发现内饰顶篷严重老化，有松脱现象（图 6-1-1），无法用胶水进行粘合，若不及时修复，则会脱落（图 6-1-2），需重新包覆顶篷。

图 6-1-1　顶篷松脱

图 6-1-2　顶篷脱落

学习目标

知识目标：
1. 知道汽车顶篷的分类及特点。
2. 知道汽车装潢经常使用材料的特性。
3. 知道顶篷翻新的工艺及工序。

技能目标：
1. 能正确完成老旧顶篷的拆卸。
2. 能区分和辨别顶篷的材料。
3. 能根据客户需求完成顶篷的翻新工作。

职业素养目标：
1. 具有工程质量观念、企业效益观念，具有安全意识、责任意识、环保意识、成本意识等工程素养。
2. 具有科学的认知理念、勇于实践的工作作风、较强的创新能力。

 相关知识

学习知识 1　汽车顶篷的分类

常用汽车顶篷有两种：软顶和硬顶。

1. 软顶

软顶主要用于货车、面包车和低档轿车。软顶按固定方式一般分两种：粘接型（图 6-1-3）和吊装型（图 6-1-4）。

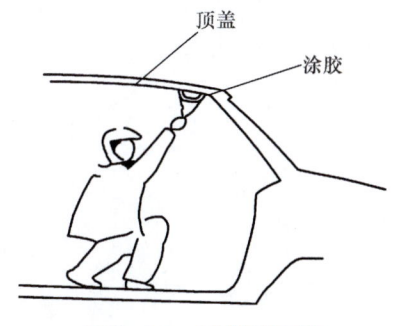

图 6-1-3　粘接型顶篷

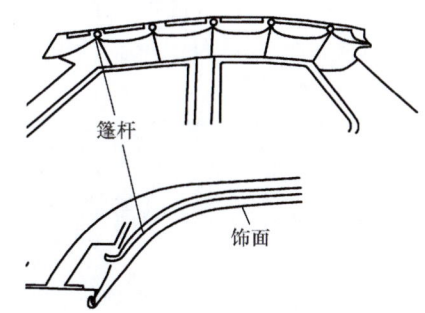

图 6-1-4　吊装型顶篷

粘接型操作简单，成本低，但整体装饰效果不理想，隔声、隔热效果差。

吊装型顶篷质量小，成本低，但软顶与金属顶盖间隙大，占用室内空间；布袋与饰面连接处上凸，行车时软顶振颤，整体装饰效果不理想。

软顶一般由面料和泡沫用层压法或火焰法复合在一起。泡沫层用聚氨酯或交联聚乙烯泡沫（XPE）制造，起隔热、隔声、吸声、减振作用。面料多数用无纺布、机织布或 PVC 膜等材料制造，起装饰作用，其颜色及质地要与车身内饰颜色和质地相协调。

2. 硬顶

硬顶由基材、缓冲隔热层、表皮层叠一体成型。

硬顶采用多层复合材料整体成型,在施工现场,工人用喷枪直接将黏合剂均匀地喷涂在硬顶背面的粘接区域内,晾置一段时间后,再粘贴在金属顶盖上。

基材是由无纺布、玻纤、胶膜、热塑性聚氨酯发泡(图 6-1-5)复合成的多层复合材料。PU 基材由于耐热性好,尤其是隔声、隔热效果好,已得到广泛应用。

缓冲隔热层主要采用硬质聚氨酯泡沫塑料板或废纺毡。

表皮材料主要采用织物或 PVC 膜。

图 6-1-5 聚氨酯发泡

由于太阳直射车顶,汽车顶部温度较高,因此顶篷内饰的各项指标要求较严。主要性能要求有耐高低温性、抗静电性、抗污染性、耐水性、阻燃性。主要性能要求见表 6-1-1。

表 6-1-1 汽车顶篷装潢的主要性能要求

主要性能要求	具体内容
耐高低温性	符合 Q/FTA011 规定,顶盖内护面在 −30~80℃ 范围内正常使用,不得有开裂、变形、剥离等现象
抗静电性	在使用过程中,不得产生静电作用,不允许有起毛、起球、吸灰等现象
抗污染性	在使用过程中遇油、水污染时,不易扩散
耐水性	顶盖内护面经耐水试验后,不得有剥离、脱壳现象
阻燃性	符合 GB 8410—2006 所规定的要求

学习知识 2　汽车顶篷装潢的材料

汽车顶篷由多层复合材料组成,通过黏合剂整体粘附在车辆顶部钣金件上。该复合材料由面料及底层材料组成。其中,面料通常由真皮、超纤皮、PU 皮革、反绒皮组成,如图 6-1-6 所示。

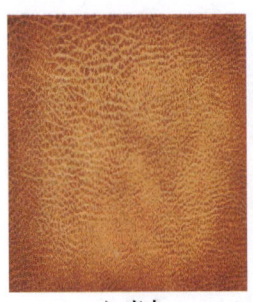
a) 真皮

b) 超纤皮

c) PU 皮革

d) 反绒皮

图 6-1-6 汽车顶篷常见面料

真皮的特点是致密的毛孔利于散热,柔软、耐磨、耐高温。超纤皮的特点是耐磨且透气、耐老化,手感柔软舒适。PU 皮革的特点是价格便宜、色彩丰富、花纹繁多。反绒皮的特点是延展性好,手感柔软舒适。

学习知识3　汽车顶篷装潢的装配注意事项

1. 噪声控制

为避免顶篷附件与钣金件间接触产生噪声，在顶篷附件周围设计缓冲块，如图6-1-7所示，整车装配后与钣金贴合更好，消除噪声。

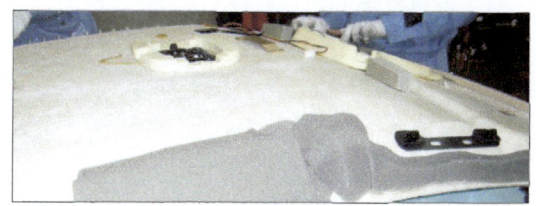

图6-1-7　增加减振材料减少顶篷噪声

2. 顶篷固定方式

顶篷采用支架、胶（图6-1-8）、卡扣（图6-1-9）等固定在车身钣金件上。安装附件会使用大量胶，黏胶会散发一定的气味，因此在选择胶的型号时，既要考虑粘接牢固性，还应考虑整车气味性的要求。装配好的顶篷总成通过卡扣或魔术贴与车身相连接。

图6-1-8　顶篷固定用胶

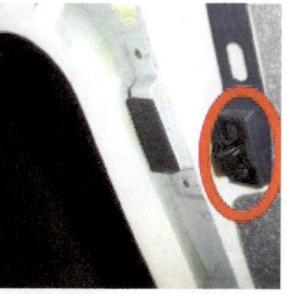
图6-1-9　卡扣固定

任务实施

1. 作业准备

 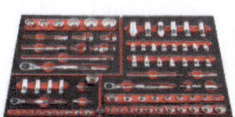  

施工场地　　　组合工具箱（1）　　　组合工具箱（2）　　　组合工具箱（3）

记号笔　　　　剪刀　　　　　美工刀　　　　　刮板

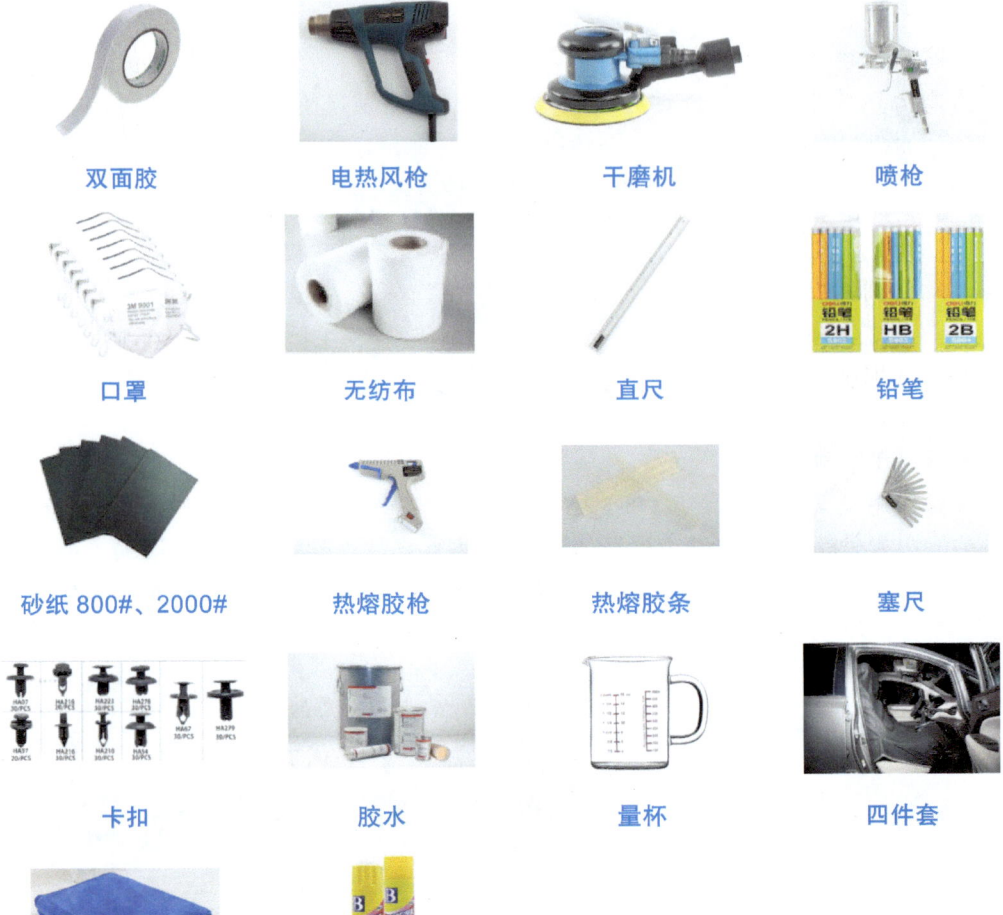

双面胶	电热风枪	干磨机	喷枪
口罩	无纺布	直尺	铅笔
砂纸 800#、2000#	热熔胶枪	热熔胶条	塞尺
卡扣	胶水	量杯	四件套
抹布	清洁泡沫		

顶篷的拆装

2．实施过程

（1）拆卸汽车顶篷的附件

1）使用塑料撬棒及螺钉旋具拆下顶篷上的扶手（图 6-1-10）及 A、B、C 柱内饰板。

2）使用塑料撬棒及螺钉旋具拆下顶篷上的驾驶位和前排乘客化妆镜板（图 6-1-11）。

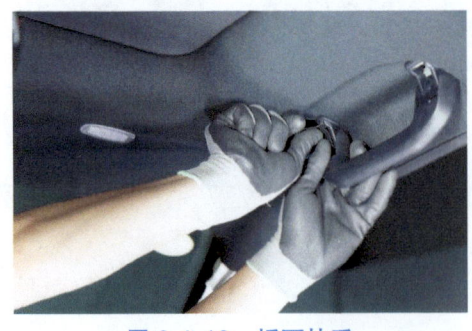

图 6-1-10　拆下扶手

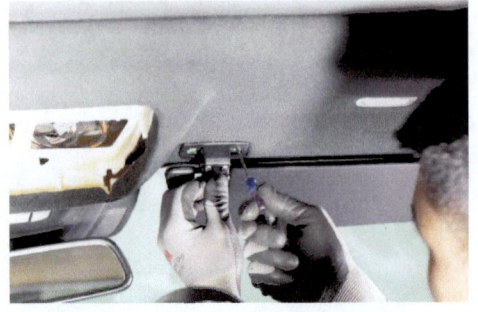

图 6-1-11　拆下化妆镜固定座

3）使用塑料撬棒及螺钉旋具拆下顶篷上的顶灯总成（图 6-1-12）。

注意：

① 应先撬下顶灯的面板再撬下顶篷固定胶钉（图 6-1-13），防止线束插头被扯断。

② 撬动时应适度用力，撬坏的胶钉应重新更换。

（2）卸下原车顶篷

原车顶篷的前部及后部有胶钉固定，需用专用的内饰撬棒撬下胶钉。如果尾门空间不足，则需要先拆下前排乘客座椅，以便于取出顶篷。

如果尾门空间足够大，则优先从尾门取出顶篷。拆卸下来的顶篷先将老旧脱落的面层撕下。卸下的顶篷应规范放置（图 6-1-14），避免顶篷表面与地面接触而脏污及防止变形。

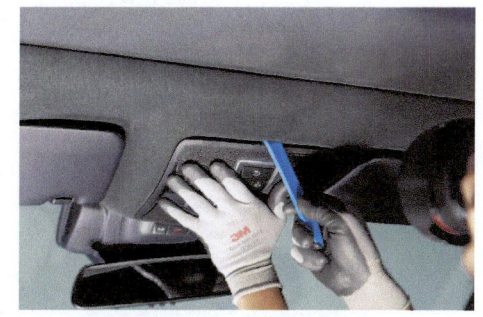

图 6-1-12 拆下顶灯

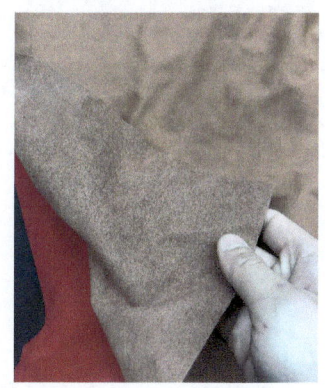

图 6-1-13 撬下顶篷胶钉

图 6-1-14 水平放置顶篷

（3）裁剪面料

如图 6-1-15 所示，检查面料是否有瑕疵，按照面料的伸展方向裁剪，确保面料不会变形。根据施工顶篷的形状及大小在一张足够大的布料上裁剪出大小合适的面料。

所裁剪的尺寸要超过所包覆内饰件的边缘 200mm，杜绝浪费。

如图 6-1-16 所示，将裁下的面料覆盖在顶篷上，检查面料的尺寸是否合适。

顶篷裁剪面料、喷胶和包覆

图 6-1-15 光滑一侧的面料向外　　图 6-1-16 面层翻边保证完全覆盖底板

（4）喷涂胶水

1）打开通风设施，佩戴口罩及护目镜。

2）调配胶水。

3）用吹气枪在内饰件表面和皮革面上清除颗粒与小石子。

4）在内饰件表面与皮革的粘贴面都要均匀地喷涂胶水，如图 6-1-17 所示。

注意事项；控制喷涂速度，确保喷涂均匀，防止贴合后出现气泡和凸起。

某品牌参考配比：乳胶、稀释剂、固化剂三者按 6:1:0.3 的比例稀释胶水。

图 6-1-17　均匀喷胶

（5）包覆面料

1）粘合的时候最好两人配合包覆。面层应完全翻边，以保证完全覆盖底板。

2）胶水固化时间 2h 左右，用手触摸其表面看是否有黏性，不黏的话就可以包覆。

3）拉伸面料粘贴到内饰件表面，用刮刀从中央向两侧刮平，并用手指按压面料表面挤出气泡（图 6-1-18），确保面料与内饰件表面贴合紧密，可以用热风枪加热皮革表面，使胶水增加黏性，同时增强面料的延展性，并用手指抚平表面。若有需要，还可以加铺一层软性材料增加触摸的舒适感。

4）在需要开孔的位置进行开孔，开孔边缘偏差不大于 3mm。

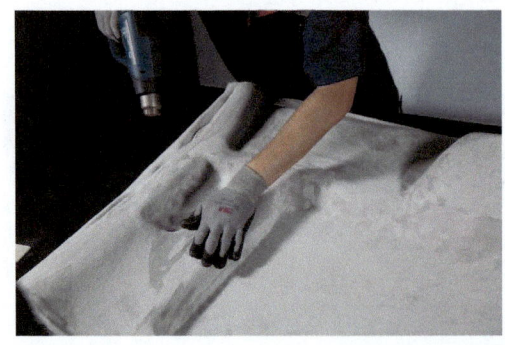 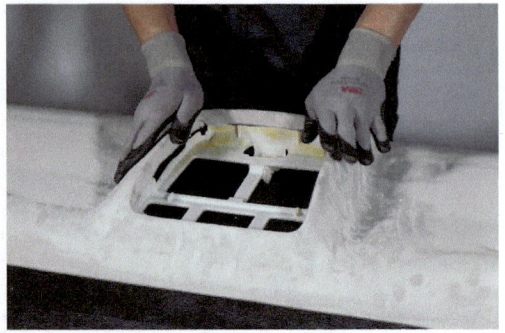

图 6-1-18　包覆面料时挤出气泡

（6）顶篷装复

把新的胶钉卡到顶篷的胶钉安装孔内安装顶篷及相关附件。

检查评价

顶篷翻新施工单

车牌		车型		施工员	
项目		一般要求		其他要求	
拆卸顶篷	顶篷脏污	□有 □无	胶钉损坏	□有 □无	
	顶篷变形	□有 □无	天窗漏水	□有 □无	
选择面料	面料规格		面料打孔	□有 □无	
	面料车线	□有 □无	要求：		
裁剪面料	面料缺陷	□有 □无	裁皮边距	mm	
涂胶覆皮	吹净表面	□有 □无	两面喷胶	□有 □无	
	内部鼓包	□有 □无	外部残胶	□有 □无	
顶篷安装	边缝间隙	mm	附件安装	□有 □无	

顶篷翻新施工评价表

车牌		车型		施工员	
考核内容	作业技术评价	评分标准	配分	得分	
拆卸顶篷（28分）	拆卸安全性	拆卸前要进行安全检查	7		
	拆卸过程顺序正确	先拆卸附件，再拆卸顶篷	7		
	拆卸工具选用	使用专用的撬棒撬下附件及顶篷	7		
	拆卸完整性	拆卸过程无零部件漏拆	7		
裁剪面料（28分）	裁剪过程安全	裁剪过程操作无重大伤害	7		
	裁剪前检查	检查面料无严重划痕，无穿孔，无严重色差	7		
	裁剪尺寸合理性	面料尺寸要超过所包覆内饰件的边缘20mm	7		
	开孔定位准确性	安装附件的开孔位置偏差不超1mm	7		
涂胶覆皮（21分）	涂胶操作安全	涂胶过程要通风，佩戴劳保口罩	7		
	开胶比例正确	乳胶、稀释剂、固化剂三者按6:1:0.3的比例稀释胶水	7		
	覆皮完整性	胶水固化后无气泡，无褶皱，无漏涂区域	7		
顶篷安装（23分）	安装安全性	安装过程无受伤	7		
	安装完整性	安装过程无零部件遗漏	8		
	安装效果良好	顶篷边缘缝隙不大于0.6mm	8		
总分			100		

学习情境二　星空顶篷制作

情境描述

一辆奔驰 G500 开到店内，车主刘先生要求加装星空顶篷，希望星光总体数量适中，疏密分布有致。请您为他的爱车加装星空顶篷。原车顶篷和星空顶篷对比如图 6-2-1 和图 6-2-2 所示。

图 6-2-1　原车顶篷

图 6-2-2　星空顶篷

 学习目标

知识目标：
1. 知道不同线径的导光纤维的弯曲半径极限值。
2. 知道导光纤维束的作业标准。
3. 知道如何选择适配的星空顶篷光纤机型号。
4. 知道不同光源的特性。

技能目标：
1. 能正确选用适配的星空顶篷光纤机机型。
2. 能对故障的星空顶篷进行基本的故障排除。
3. 能完成星空顶篷导光纤维束的布线。

职业素养目标：
1. 具有工程质量观念、企业效益观念，具有安全意识、责任意识、环保意识、成本意识等工程素养。
2. 具有科学的认知理念、勇于实践的工作作风、较强的创新能力。

 相关知识

学习知识1　星空顶篷光纤机的选用

1. 光纤照明系统

光纤照明系统由光源、反光镜、滤色片及光纤组成。当光源通过反光镜后，形成一束近似平行光，由于滤色片的作用，又将该光束变成彩色光。当光束进入光纤后，彩色光就随着光纤的路径送到预定的地方。

2. 光线柔性传播原理

经过科学家数百年不懈的努力，可利用透镜和反光镜等光学元件来无限次地改变光的传播方向。而光纤照明的出现，正是建立在有限次地改变光线传播方向的基础上，实现了光的柔性传播，如图 6-2-3 所示。

由于星空顶篷并非照明用光源，故一般选用功率为 20W 以内的光纤发生器，如图 6-2-4 所示。光纤发生器一般厚度不超过 50mm，否则会因管线过厚而影响顶篷的安装。某款光纤发生器的工作参数见表 6-2-1。

图 6-2-3　发光效果

图 6-2-4　光纤发生器

表 6-2-1　某款光纤发生器的工作参数

工作电压	DC 12V	工作温度	−10~40℃
产品尺寸	180mm×60mm×30mm	功率	16W
耦合头口径	13mm	质量	530g
功能特点	红绿蓝三原色组成 7 色变化模式。可以选择跳变、渐变、定色、频闪等多种模式。可用遥控器操作，还可实现多台无线同步工作		

学习知识 2　导光纤维束的作业标准

柔性的导光纤维束之所以能够导光，主要是依靠光线在光滑的纤维内表面多次反射传递的。当光线垂直穿过导光纤维的界面时，光线只能穿过空气再进入导光纤维内。若光线与导光纤维形成一定夹角，光线就只能以反射的方式传递，如图 6-2-5 所示。而多次的反射是光线得以沿导光纤维传递的条件。

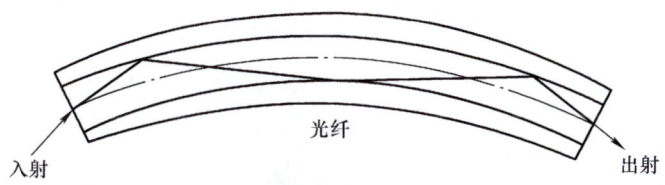

图 6-2-5　光线在导光纤维内的反射

光纤束接入光纤头内需要先用胶布捆扎好，以保证导光纤维间紧密接触，使入光面与光源垂直，有最好的通光效果。另一方面，若导光纤维束的直径比连接头的直径小很多，多捆胶布能起到一定的固定效果，如图 6-2-6 所示。

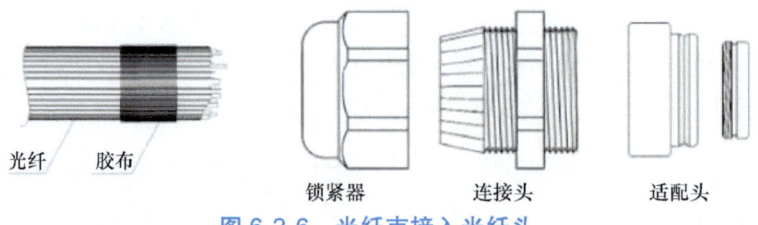

图 6-2-6　光纤束接入光纤头

为保证导光效果良好，光纤头部需要加工平齐。将所有与光源器连接的光纤的入光端大致对齐。将光纤束穿过锁紧器、连接头、适配头、让不整齐的光纤端面超出适配头端面一小段长度，直到最短的光纤也超出适配头端面，从而保证了所有光纤在切平后能很好地接受光线。旋转锁紧器的螺母，锁紧光纤。用热刀或刀片平整地切平光纤，如图 6-2-7 所示，然后用细砂纸把光纤端面磨光，再用湿布把光纤端面擦干净，切勿使用任何化学溶剂擦拭光纤端面。必须保证光纤端面平整，干净无污物，否则可能会导致光纤头部发热。将整个光纤接头伸进固定套，拧紧固定套上的锁紧螺钉即可。光纤束的弯曲半径应不小于光缆外径的 15 倍，如图 6-2-8 所示。

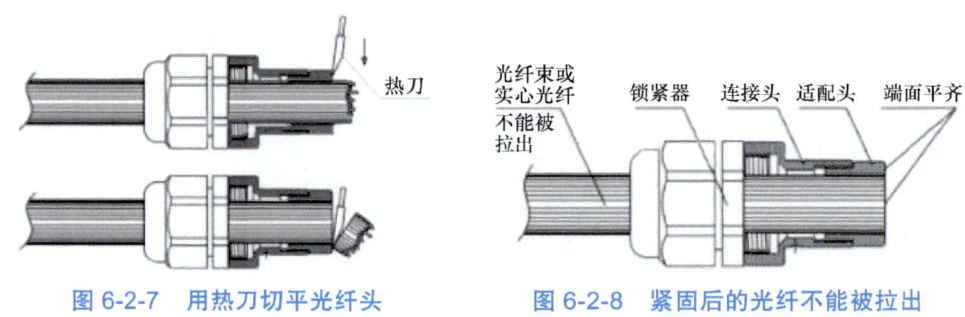

图 6-2-7　用热刀切平光纤头　　　　图 6-2-8　紧固后的光纤不能被拉出

学习知识 3　光纤机的电路布线

星空顶篷的光纤机一般只在汽车行驶的时候才工作，而且工作过程中能用自带的遥控器控制开关及色光，故仅需要一正一负两根电源线，如图 6-2-9 所示。由于是原车之外加装的电器，故还需要另外加熔丝及熔丝座，一般在室内车身熔丝盒内取由点火开关 ACC 控制的正电。

光纤机一般藏于 C 柱或放置于行李舱内，如图 6-2-10 所示，便于后期维护。光纤

图 6-2-9　两根电源线

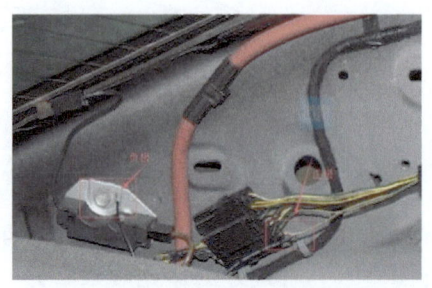

图 6-2-10　放置于行李舱中的光纤机及其电路接线

机本身发热量不大，但车顶在高温暴晒下可能会由于温度过高影响机器寿命，故一般不放置于车辆顶篷内。

任务实施

1. 作业准备

施工场地	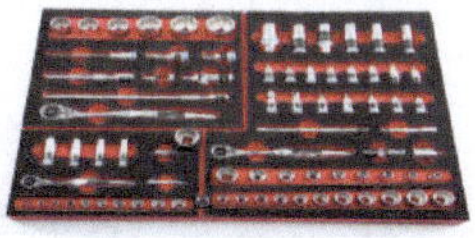 组合工具箱（1）	 组合工具箱（2）	 组合工具箱（3）
 美工刀	 塞尺	 平口钳	 斜口钳
 电热风枪	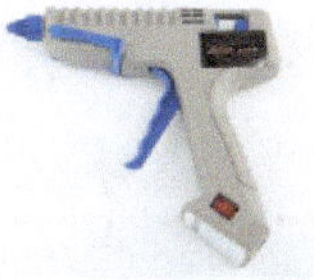 热熔胶枪	 热熔胶条	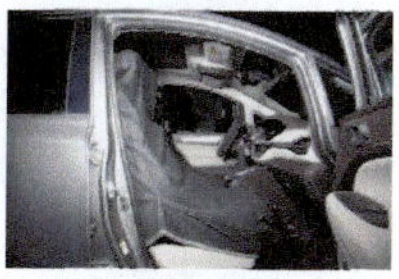 四件套
 导光纤维	 扎带	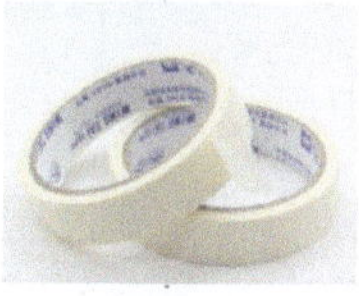 美纹纸	 卡扣
 抹布	 清洁泡沫		

2. 实施过程

制作及安装导光纤维束的方法如下：

1）使用专用工具在顶篷上需要有星光的位置都加工出孔洞。若无专用工具可以使用锥子进行。

2）孔洞的大小一般比导光纤维略大。过大的孔洞将导致导光纤维容易移动，影响后期使用。按设计方案，用合适粗细的导光纤维从里到外穿出顶篷，保证导光纤维穿出顶篷 10~15mm。

3）如图 6-2-11 所示，每隔 150mm 用热熔胶固定导光纤维，再用美纹纸覆盖保护导光纤维，防止车身钣金件刮伤导光纤维。安装导光纤维束也同样要用美纹纸固定好，如图 6-2-12 所示。

① 导光纤维束做好端面处理后装到光纤机内。
② 在施工台进行通电测试，检查确认每一个导光纤维均能导光。
③ 在车上按照作业标准装复顶篷后完成电路连接并测试。

注意：光缆的弯曲半径应不小于光缆外径的 15 倍。

图 6-2-11　用热熔胶固定导光纤维及贴上美纹纸

 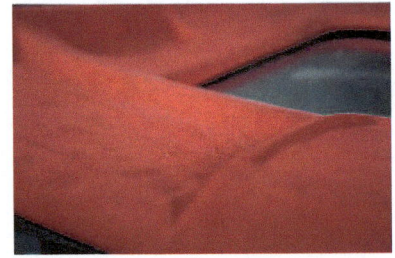

图 6-2-12　安装导光纤维束

检查评价

星空顶篷施工单

车牌		车型			施工员		
项目		一般要求			其他要求		
拆卸顶篷	顶篷脏污	□有 □无		胶钉损坏	□有 □无	其他要求
	顶篷变形	□有 □无		天窗漏水	□有 □无	
选择面料	面料规格			面料打孔	□有 □无	
	面料车线	□有 □无		要求：		
裁剪面料	面料缺陷	□有 □无		裁皮边距	mm	
涂胶覆皮	吹净表面	□有 □无		两面喷胶	□有 □无	
	内部鼓包	□有 □无		外部残胶	□有 □无	
导光线束	线径： mm 数量： 根					
	线径： mm 数量： 根					
	线径： mm 数量： 根					
	涂胶固定	□有 □无		端面处理		
光源测试	光纤机规格	□有 □无		安装熔丝		
	通电测试	□开关 □跳变 □渐变 □定色 □频闪				
	光纤裁剪	□有 □无		光纤暗点		
顶篷安装	边缝间隙	mm		附件安装	□有 □无	

星空顶篷施工评价表

车牌		车型		施工员	
考核内容	作业技术评价	评分标准		配分	得分
拆卸顶篷 （17分）	拆卸安全性	拆卸前进行安全检查		4	
	拆卸过程顺序正确	先拆卸附件，再拆卸顶篷		4	
	拆卸工具选用	使用专用的撬棒撬下附件及顶篷		4	
	拆卸完整性	拆卸过程无零部件漏拆		5	
裁剪面料 （19分）	裁剪过程安全	裁剪过程操作无重大伤害		5	
	裁剪前检查	检查面料无严重划痕，无穿孔，无严重色差		5	
	裁剪尺寸合理性	面料尺寸要超过所包覆内饰件的边缘20mm		4	
	开孔定位准确性	安装附件的开孔位置偏差不超1mm		5	
涂胶覆皮 （13分）	涂胶操作安全	涂胶过程要通风，佩戴劳保口罩		4	
	开胶比例正确	乳胶、稀释剂、固化剂三者按6:1:0.3的比例稀释胶水		5	
	覆皮完整性	胶水固化后无气泡，无褶皱，无漏涂区域		4	
导光线束 （19分）	导光纤维选用	正确选择粗细合适的导光纤维		5	
	图案的制作	图案与客户要求的相符，无重大偏差		5	
	固定牢固性	胶水固化后，导光纤维无松脱		5	
	安全保护	涂胶后用美纹纸保护导光纤维		4	
光源测试 （9分）	正确性	光纤机型号选择正确		5	
	工作测试	安装顶篷前后均进行上电测试，功能正常		4	
顶篷安装 （14分）	安装安全性	安装过程无受伤		5	
	安装完整性	安装过程无零部件遗漏		4	
	安装效果良好	顶篷边缘缝隙不大于0.6mm		5	
过程评价 （9分）	拆卸过程	过程合理，工序正确		4	
	沟通协作	能与组员进行适当的沟通交流后再进行施工		5	
总分				100	

学习情境三　宫格顶篷的制作

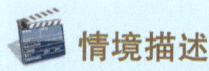 **情境描述**

　　一辆奔驰唯雅诺 3.0L 汽车，车主要求将原有玻璃天窗改成十二宫格顶篷，并

要求顶灯光线柔和舒适，色温贴近自然颜色。车辆主要用于商务场合，请你为车辆进行宫格顶篷的装潢。宫格顶篷装潢前后对比如图 6-3-1 和图 6-3-2 所示。

图 6-3-1 宫格顶篷装潢前

图 6-3-2 宫格顶篷装潢后

学习目标

知识目标：
1. 知道汽车顶篷光源的三要素。
2. 知道汽车装潢光源的类型。

技能目标：
1. 能正确完成宫格顶篷灯带的施工。
2. 能对宫格顶篷板件的边角进行修整。

职业素养目标：
1. 具有工程质量观念、企业效益观念，具有安全意识、责任意识、环保意识、成本意识等工程素养。
2. 具有科学的认知理念、勇于实践的工作作风、较强的创新能力。

相关知识

宫格是汽车顶篷装潢的一项内容，虽然使用材料各异，但是从成本和重量优势来讲，多数采用木板制作，运用在商务车型上。改装后的顶篷常制作成宫格+四条灯条、宫格+四方框+两灯条、十二方框+两条灯条等形式。根据最初宫格的制作定义，后来的格数演变虽各异但统称为宫格。

学习知识1　宫格顶篷光源的三要素

宫格顶篷的照明是车内的主照明，其光源的选择极大地影响着整车的观感效果。合适的灯光能够提升整车内饰的档次。判断灯光是否合适，有三个参数：照度、色温、显色指数。

1. 照度

照度是指单位面积上所接受可见光的光通量，单位是勒克斯（lx），用来描述光的亮度，可以用照度计（图 6-3-3）测量。照度越大，光的亮度越高。照度不够，人会感觉太暗，反之会使人觉得太亮，如图 6-3-4 所示。

根据经验，宫格顶篷的光源一般选择表 6-3-1 所示的数值范围的照度。

表 6-3-1　宫格顶篷光源照度的选择

功能实例	走道、玄关	卧室、会客室	工作区
光强	暗	中	亮
照度 /lx	100~180	100~300	250~500

图 6-3-3　照度计

图 6-3-4　不同照度的感官区别

2. 色温

色温指光的颜色，单位为开尔文（K），即人们常说的黄光、暖白光、冷光等，如图 6-3-5 所示。

a）黄光
(3000~3500K)

b）暖白光
(4000~4500K)

c）冷光
(6000~6500K)

图 6-3-5　色温的感觉

常见光源的色温为：烛光 1900K，白炽灯 2800K，荧光灯 4500K，晴天太阳光 5400K。实际应用上，会客室色温 4000K，餐厅 2700~3000K，卧室 2700~4000K，工作区域 4000K。

低色温的光，红辐射较多，即暖光；高色温的光，蓝辐射增加，即冷光。安静氛围用低色温，工作氛围用高色温，具体数值依个人喜好判定。一般宫格顶篷用到光源的色温中，6500K 是上限。

3. 显色指数

显色指数指光对物体色彩的还原程度，太阳光为 100，室外照明应在 65 以上，室内应在 80 以上。光源显色指数越高，物体色彩给人的感官越真实，反之会使人觉得物体颜色失真，严重加剧视觉疲劳，如图 6-3-6 所示。

图 6-3-6　显色指数对感官的影响

学习知识 2　宫格顶篷光源的分类

市面上常见的人造光源，主要为白炽灯、卤素灯、荧光灯、节能灯、LED 灯。

1. 白炽灯

白炽灯（图 6-3-7）是将钨丝通电加热到白炽状态，利用热辐射发光的光源。优点是接近太阳光，光谱连续，显色指数在 95 以上，缺点是工作氛围下色温偏低，耗电严重、发热，寿命短，约 1000h。我国已经全面禁止出口、销售 15W 以上普通照明白炽灯，2018 年起国内基本不再使用白炽灯。

白炽灯泡不都是真空的。通常 40W 以下的白炽灯是真空的，40W 以上的灯泡是充气的。一般是充氮氩混合气，其中氮 8%~14%、氩 86%~92%。充入氪气和氙气虽然热传导损失要小，但因价格昂贵，只有在特种灯泡中才用。

2. 卤素灯

卤素灯又名钨卤灯泡、石英灯泡，是白炽灯的改良版，不仅继承了白炽灯显色性好的优点，还比白炽灯寿命长、发光效率高。

卤素灯表面是一层乳白色的玻璃外壳，在内部充入了一些卤素气体，如图 6-3-8 所示。白炽灯仅是常见的透明玻璃外壳，这一点常用于区分卤素灯和白炽灯。

图 6-3-7　白炽灯

图 6-3-8　卤素灯

3. 荧光灯

荧光灯又名日光灯、低压汞灯，由灯管和电子镇流器组成，如图 6-3-9 所示。灯管内的汞蒸汽在通电后释放紫外线，荧光粉吸收紫外线后发出可见光。优点是比白炽灯发光效率高，色温多样，寿命长，约为 2500~3500h。缺点是光谱不连续、显色指数只有 85 左右，启动至稳定需要 30s 以上，灯光有闪烁感，有汞污染。

4. 节能灯

节能灯又名紧凑型荧光灯、一体式荧光灯，它将灯管和电子镇流器高效集成，工作原理和荧光灯类似，如图 6-3-10 所示。优点是结构紧凑、体积小，发光效率高，5W 的节能灯亮度相当于 25W 的白炽灯，省电，寿命在 6000h 以上。缺点是显色指数低，电子镇流器易损坏。

图 6-3-9　荧光灯

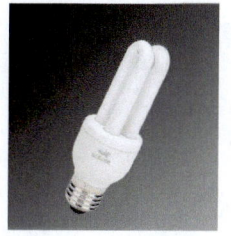

图 6-3-10　节能灯

5. LED 灯

英文 LED 是发光二极管的缩写，是一种直接将电能转化为光能的固态半导体器件，LED 灯如图 6-3-11 所示。优点是即开即亮，亮度高，省电，能耗仅为节能灯的 1/4，寿命长，在 5 万 h 以上，光谱中含红外线和紫外线较少，不招蚊虫。缺点是由于光谱不均匀，低质量的 LED 灯显色指数特别低，甚至低于 50，连室外要求都达不到，这就是很多 LED 灯看起来亮得刺眼，照明效果却很差的原因。但 LED 灯是点光源且容易施工，光线均匀分布。

图 6-3-11　LED 灯

 任务实施

1. 作业准备

	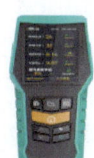		
施工场地	pm 挥发检测仪	电动台锯	气钉枪
	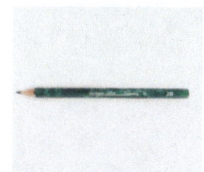		
空压机	铅笔	美工刀	基板

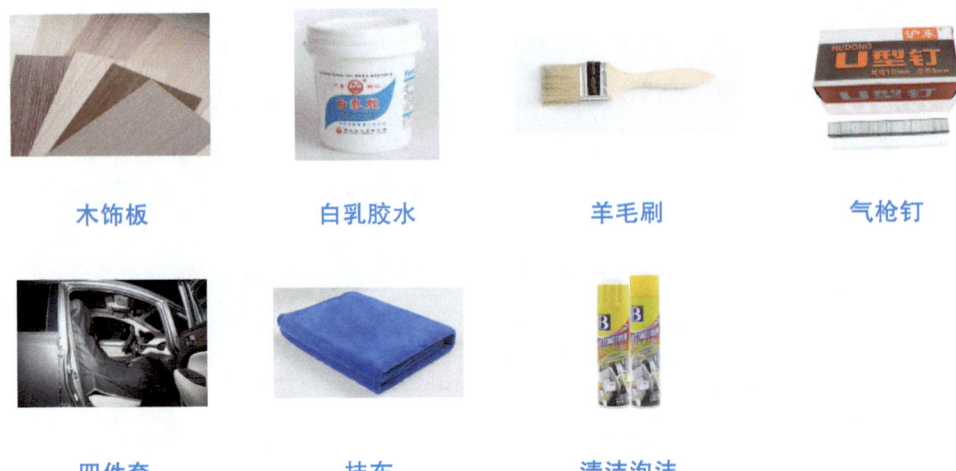

木饰板　　　　　白乳胶水　　　　　羊毛刷　　　　　气枪钉

四件套　　　　　抹布　　　　　清洁泡沫

2. 实施过程

（1）面板开料

根据施工方案要求，使用电台锯将复合板锯出规定的形状，如图 6-3-12 所示。

（2）制作方框

根据实际尺寸留出边宽和线条的宽度，余下分为三等份计算出宫格尺寸。在面板上画出九个宫格线条，先用手电钻钻一个孔，用曲线锯锯下九个方框，边缘用修边机修平。

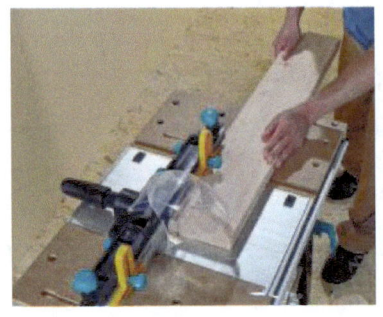

图 6-3-12　面板开料

（3）光源的选型

根据经验公式，选定合适的光源。

（4）面板修边及制作布线孔

将宫格的边修平，并将正面边修成 45° 角的平面，将毛边用砂纸机修平，再用修边机修出灯条大小的位置（根据灯条长、宽、高的尺寸确定，并钻一个孔用作布线）。

两侧用修边机各修出一条安装灯带（图 6-3-13）的位置，背面用修边机修出摆放亚克力板（图 6-3-14）的位置和安放灯条的位置。制作完成后，用砂纸机或用砂纸磨平整且光滑，等待下一道工序施工。

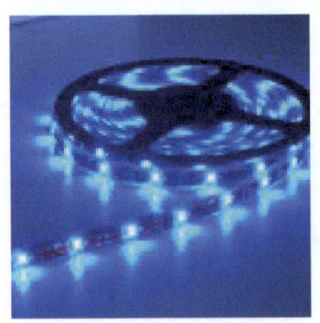

图 6-3-13　灯带　　　　　　　图 6-3-14　亚克力板

检查评价

宫格顶篷施工单

车牌			车型		施工员	
项目			一般要求		其他要求	
拆卸顶篷	顶篷变形		□有 □无	胶钉损坏	□有 □无	
	顶篷脏污		□有 □无	天窗漏水	□有 □无	
选择面板	板材规格			板材打孔	□有 □无	
	其他要求					
制作方框	边角缺陷		□有 □无	边缘漏光	mm	
	框格材料					
光源选型	吹净表面		□三基色节能灯 □LED			
	逆变器		□有 □无	总功率	W	
光源测试	光线均匀		□有 □否	安装熔丝	□有 □无	
	通电测试		□正常 □频闪 □漏光 □色差 □不亮			
顶篷安装	边缝间隙		mm	附件安装	□有 □无	

宫格顶篷施工评价表

车牌		车型	施工员		
考核内容	作业技术评价	评分标准		配分	得分
拆卸顶篷（18分）	拆卸安全性	拆卸前进行安全检查		4	
	拆卸过程顺序正确	先拆卸附件，再拆卸顶篷		4	
	拆卸工具选用	使用专用的撬棒撬下附件及顶篷		4	
	拆卸完整性	拆卸过程无零部件漏拆		6	
选择面板（24分）	切割过程安全	切割过程操作无重大伤害		6	
	切割前检查	检查面板无严重划痕，无穿孔，无严重色差		6	
	切割尺寸合理性	面板整体尺寸偏差≤1mm		6	
	开孔定位准确性	安装附件开孔位置偏差≤1mm		6	
制作方框（28分）	方框开料正确	木板、饰板尺寸合理，避免浪费		6	
	钉枪使用正确	能选用合适的钉枪及钉并调节钉枪气压		6	
	表面预处理正确	能用原子灰修补钉孔，能使用合适标号的砂纸打磨		8	
	面漆处理正确	能选用合适的喷枪喷涂面漆，漆面无泪痕、无开裂		8	
顶篷饰板安装（18分）	安装安全性	安装过程无受伤		6	
	安装完整性	安装过程无零部件遗漏		6	
	安装效果良好	顶篷边缘缝隙不大于0.6mm		6	
过程评价（12分）	拆卸过程	过程合理，工序正确		6	
	沟通协作	能与组员进行适当的沟通交流后再进行施工		6	
总分				100	

任务七

汽车地板装潢

随着汽车工业的发展，汽车不仅与人们的生活密不可分，而且在商务活动中扮演的角色也越来越重要。不管是商务接待还是家庭旅行，汽车多功能的内饰装潢日益重要。汽车地板的豪华装饰、吧台的人性化服务为商务等活动增分不少，所以汽车地板、吧台加装应运而生。

汽车木地板装潢效果图（1）

汽车木地板装潢效果图（2）

学习情境　地板装潢

 情境描述

汽车地板随着汽车使用时间增长、天气原因，出现了不同程度的磨损及脏污，某位车主感到非常烦恼，也尝试过在网上购买很多脚垫产品，但效果不尽人意（图7-1-1）。这位车主通过朋友的介绍，对汽车地板知识有了了解，决定对汽车地板进行装潢。汽车木地板效果如图7-1-2所示。

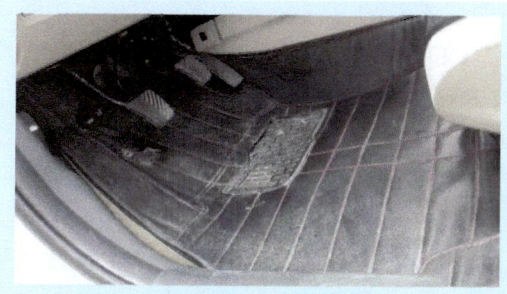
图 7-1-1　脚垫磨损

图 7-1-2　汽车木地板效果图

学习目标

知识目标：
1. 知道地板的分类及特点。
2. 知道汽车地板的材料及特性。
3. 知道汽车隔声工艺及工序。
4. 知道汽车甲醛测试及去除方法。

技能目标：
1. 能按照客户需求制订施工方案。
2. 能正确铺装地板。
3. 能规范安装隔声棉。
4. 能使用专业仪器进行甲醛的检测。
5. 能对汽车地板进行维护与保养。

职业素养目标：
1. 具有工程质量观念、企业效益观念，具有安全意识、责任意识、环保意识、成本意识等工程素养。
2. 具有科学的认知理念、勇于实践的工作作风、较强的创新能力。

 相关知识

学习知识1　汽车地板材料

汽车木地板的加装，在尽显舒适温馨的同时，更标志着车内环保的高规格。汽车木地板可使车内空气更加清新、洁净，再无螨虫、纤维侵扰的担心，有效地保障了驾乘人士尤其是孕妇及儿童的呼吸道健康。

汽车木地板平整光洁、严丝合缝、防水防潮，清洁时只需稍加擦拭即可去除污渍、灰尘，彻底摆脱了清理的困扰。

1. 汽车地板材料分为实木和复合地板

1）实木地板如图 7-1-3 所示，是天然木材经烘干、加工后形成的，种类繁多。以广泛使用的柚木为例：柚木具有含天然油、富有弹性、厚实的纤维结构等特点，可以起到很好的防水、耐磨效果。柚木本身具有抗虫、抗菌等优点，在不使用防腐剂的情况下，保持天然的柚木特性不腐烂。从纹理上看，柚木有着优美的墨线、斑斓的油影，自带的醇香对人的神经系统有镇静的效果。

普通实木地板使用期限一般不超过10年，柚木地板最大使用期限可达20年。

2）复合地板如图7-1-4所示，其干缩湿胀率小，更易打理，性价比高，种类及样式较多，能够给予客户更多的选择。

复合地板多为木屑、颗粒压制而成，防水、防潮、防霉性相对于实木材质地板较差。

图 7-1-3 实木地板

图 7-1-4 复合地板

2. 木地板注意事项

1）雨雪天气需要经常护理。
2）木地板有翻起的可能。
3）制作与安装工艺会影响汽车隔声效果。

学习知识2　地板安装工艺

1. 汽车木地板施工流程

1）为达到舒适安静的空间氛围，安装木地板前通常在汽车底盘上先进行隔声处理。
2）为避免木地板安装后发出异响，通常使用木块、发泡胶、免钉胶等材质对隔声处理后的底盘进行找平工艺处理。
3）按照木地板铺设工艺进行铺设。

2. 施工要领

1）拆卸原车车厢内相关附件及地毯，用压缩空气枪将地板清洁干净。
2）做隔声时，均匀铺设，全面覆盖，用滚筒压实。
3）木地板安装前应进行挑选，剔除有明显质量缺陷的不合格品。
4）施工前，保证原车各系统线束、元件的布局及功能使用正常，注意座椅等相关孔位的预留。
5）铺接地板时，注意拼接缝隙及平整度。
6）地板铺装完成后，表面高度不得高于原地毯高度。

学习知识3　汽车地板噪声控制

汽车噪声不但会增加驾驶人和乘员的疲劳，而且影响汽车的行驶安全。作为汽车乘坐舒适性的重要评价指标，汽车噪声的控制也是汽车地板装潢项目完工评价指标之一。

汽车地板隔声处理是将声源与车厢隔离，使其辐射的噪声不能直接或经过共振传播到车厢，以衰减车厢内环境噪声的效果，从而达到控制噪声的目的。

1. 汽车隔声措施

阻隔噪声传播的有效途径主要是密封、止振、隔声、吸声。在减振基础上再进行隔声、吸声以及密封处理，就可以达到安静舒适的效果。在进行隔声降噪的过程中，使用的隔声产品本身具有的吸声性能好坏也会直接影响到降噪的效果。车用降噪产品分成减振材料、吸声材料、隔声材料、密封材料四种。

在车厢内中央底盘、后车厢底盘上加装减振隔声垫及防水隔声棉、止振垫，如图7-1-5所示，其主要作用是缓解中央底盘、行李舱下底盘件在高速行驶时因振动而引起的共鸣，减少轮胎转动所产生的路面噪声传递，降低排气声传入后车厢的共鸣音量等。

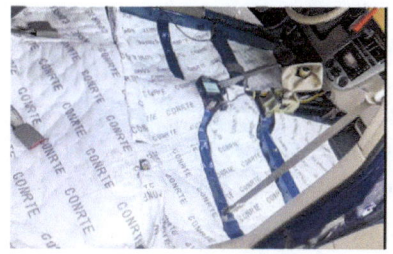

图7-1-5　隔声处理

2. 汽车隔声材料

（1）玻璃纤维或石棉制品

成本低，吸声性能好，自身防火阻燃性能好，但是不防水，潮湿的部分易造成车体腐蚀，同时也是较强的致癌物质。

（2）毛毡纤维棉

本身具有良好的吸声性能，但材料本身吸水且不防火，易发生腐烂和霉变，不能用于发动机舱盖以及车门内部，可以适量用于车辆底板部位。

（3）止振板复合材料

止振板是由铝箔和自粘胶组成的复合材料。揭开材料背后的贴纸就可以进行粘贴，操作十分便捷，因此被广泛运用。但本身不耐老化，强度较低，容易导致开胶从而失去隔声作用。

（4）棉毯、毛毡等材料

成本低，吸声效果好，但不防火、不防水、不防腐，只能应用于车辆的底板部位。经济型车辆应用较为广泛，一般铺在驾驶人和前排乘客脚下的底板部位，起隔声、吸声的作用。

学习知识4　有害物质的检测和去除

在加装地板时，无论使用的是实木板还是各种人造板材（刨花板、密度板、纤维板、胶合板等），其中都使用了脲醛树脂黏合剂，均含有甲醛等有害物质，如图7-1-6所示。

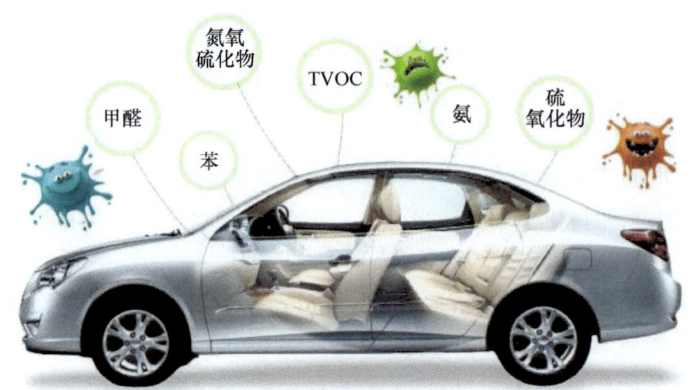

图 7-1-6　汽车内饰有害物质示意图

1. 检测标准

空气质量的好坏反映了空气污染程度，它是依据空气中污染物浓度的高低来判断的。车内空气质量则通过挥发性有机物（Volatile Organic Compounds,VOC）的浓度来判断。

（1）试验要求

1）环境条件

① 环境温度：25.0℃ ±1.0℃。

② 环境相对湿度：50% ±10%。

③ 环境气流速度：≤ 0.3m/s。

④ 环境污染物背景浓度值：甲苯 ≤ 0.02mg/m³；甲醛 ≤ 0.02mg/m³。

2）采样装置：采样泵、气体流量计、多孔聚合物采样管（用于采集苯系物）、二硝基苯肼（DNPH）采样管（用于采集醛酮类物质）。

3）分析设备

① 热脱附气相色谱质谱联用仪（Thermal Desorption Gas Chromatography-Mass Spectrometry，TD GCMS）：用于苯系物分析。

② 高效液相色谱仪（High Performance Liquid Chromatograply，HPLC）：用于醛酮类物质分析。

（2）检查标准

根据 GB/T 27630—2011《乘用车内空气质量评价指南》，对 VOC 检测结果进行评价，见表 7-1-1。

表 7-1-1　车内空气有机物浓度要求

序号	项目	浓度要求 /（mg/m³）	序号	项目	浓度要求 /（mg/m³）
1	苯	≤ 0.11	5	苯乙烯	≤ 0.26
2	甲苯	≤ 1.10	6	甲醛	≤ 0.10
3	二甲苯	≤ 1.50	7	乙醛	≤ 0.05
4	乙苯	≤ 1.50	8	丙烯醛	≤ 0.05

2. PM 挥发检测仪

PM 挥发检测仪如图 7-1-7 所示,可检测甲醛、PM2.5、TVOC 等,完整记录污染数据变化,大量数据可导入至电脑,数据一目了然,可实现车辆改装前后各项数据的对比。

3. 有害物质去除方法

（1）甲醛去除剂

这种方法操作简单,但除甲醛的速度比较慢,具有强氧化作用,会产生大量的二氧化碳,降低车内空气质量,还会对车辆造成不同程度的腐蚀伤害。

图 7-1-7　PM 挥发检测仪

（2）自然通风

这种方法操作简单,在空旷的地方打开车窗或车门,让甲醛自然挥发,但是甲醛还有很大一部分存在于深处,后续还会持续释放。

（3）活性炭包

活性炭的体积比较小,可随意摆放。活性炭被用于多种领域,在除甲醛方面也被广泛使用。

（4）车载净化器

车载净化器不仅能过滤空气中的颗粒污染物,有的还能消除车内甲醛、苯系物等有害气体,而且体积不大,使用简单。

（5）放置水果

柚子、菠萝、橙子、柠檬等水果的果皮不仅吸附能力较强,而且自身可以散发怡人的果香,在去除异味的同时还可以改善车内空气。

（6）放置茶叶及花草植物

茶叶具有消除异味的作用,同时可以放一些茉莉花、百合花的花朵、花瓣,用来消除车内异味。

（7）放置醋

可以打一小桶清水加点醋放在车里,水可以吸附甲醛,醋可以起到稳定甲醛的作用。

（8）光触媒去除甲醛

光触媒是一种纳米级的金属氧化物材料（常用二氧化钛）。它在光线的作用下,能够产生强烈的催化降解功效,有效地降解空气中的有害气体,从而达到净化空气的效果,并起到防霉、除臭、杀菌、抑菌的作用。

使用光触媒去除甲醛施工较为方便,成本较低,但反应过程较长,无法抑制有害气体的释放,反应过程中用户仍然受到有害气体的侵害,难以做到彻底长效净化车内空气质量。

学习知识 5　地板维护与保养

车用实木地板的使用年限大概是 5~10 年。如果平时注意保养,木地板的使用年限和呈现的质感更加稳定。

实木地板保养方法如下:

1. 擦洗

在日常清洁时，可先用吸尘器来清除，之后再用软布蘸上专门清洁剂或皂片的稀释液进行清洁。清洁时要尽量减少多余的水分，对于污渍可用软布蘸低浓度的酒精或少许白酒除去。

2. 打蜡

车用木地板在保养时，一定要注意保持地板的干燥、清洁。每隔两三个月，可以在地板上打地板蜡，起到保护漆膜、延缓老化的作用。

3. 补清漆

使用三五年后，根据地板使用情况，用清漆对表面进行补漆处理，使地板表面更加平滑、亮泽如新。

4. 防热

避免阳光暴晒或用电炉烘烤，以免干燥过快，地板开裂。不能把热的物体直接放在地板面上，以免烫坏漆面。

任务实施

1. 作业准备

施工场地　　组合工具箱（1）　　组合工具箱（2）　　组合工具箱（3）

手枪钻　　橡皮锤　　美工刀　　发泡胶

  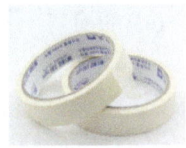  

免钉胶　　美纹纸　　胶水　　抹布

清洁泡沫　　铅笔

2. 实施过程

1）商务车二排座椅的拆卸：

① 找到二排座位脚托（图7-1-8a）。

② 取下座位下方两颗螺钉（图7-1-8b）。

 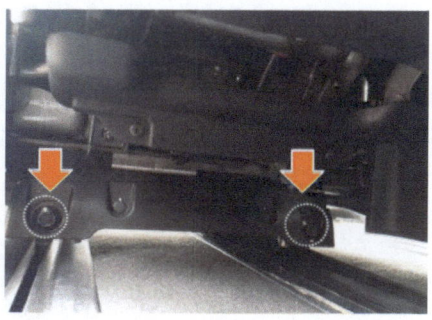

图 7-1-8　拆卸二排座椅

③ 拆卸二排座后下方3个固定螺丝（2大1小，图7-1-9）。

  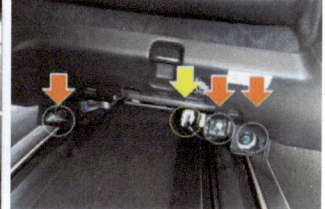

图 7-1-9　拆卸二排座椅

2）座椅电动线拆除（图7-1-10）

① 拔出座椅电动线插头。

② 将电动线顺着轨道拉出座椅外。

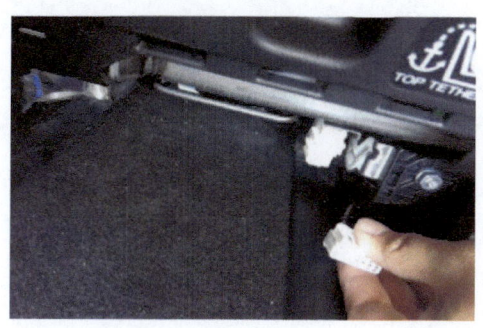 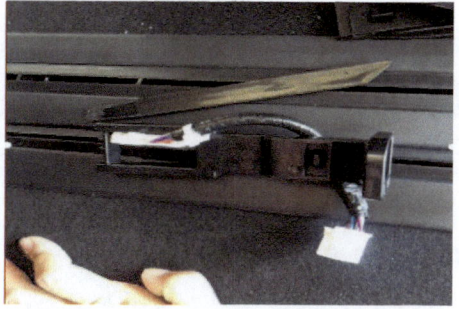

图 7-1-10　座椅电动线

3）原车轨道前后端盖子拆卸：如图7-1-11所示，将中间（红色）胶粒按下去。

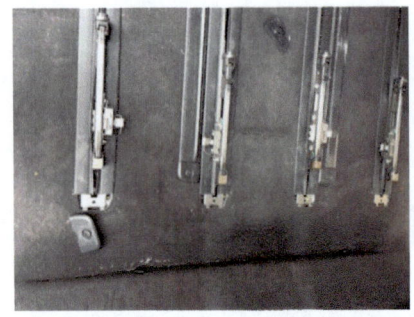

图 7-1-11　原车轨道前后端盖子拆卸

4）出风口拆卸：如图 7-1-12 所示，用一字螺钉旋具轻轻撬起卡子。

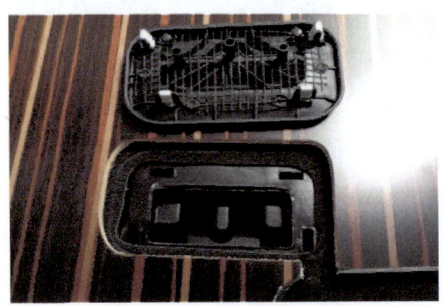

图 7-1-12　出风口拆卸

5）隔声处理（图 7-1-13）：确保汽车底盘干燥、无杂物，底部采用隔声棉、止振板进行隔声处理（根据客户要求选择该程序）。

① 在车厢四周张贴美纹纸。
② 用热熔胶打平车底，地面平整度误差不超过 2mm，便于下一步柚木地板的铺设。
③ 张贴车底隔声棉。

图 7-1-13　隔声处理

6）滑轨条安装（图 7-1-14）：将两条滑轨条安装到轨道里面。

7）木地板安装（图 7-1-15）

① 施工中挑选好的木纹作为主铺，木纹较差的用来锯断副铺，减少铺设中的浪费。铺设过程保持木地板间的紧密度，木地板间隙必须低于 0.5mm。
② 用免钉胶进行固定。
③ 木地板间隙既可用发泡胶填充，也可用胶条、金属条进行包边装饰。

木地板间隙必须 ≤ 0.5mm。

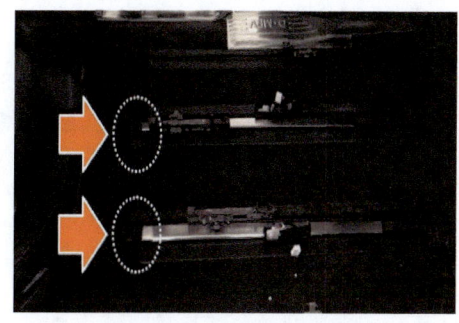 

图 7-1-14　滑轨条安装　　　　　图 7-1-15　木地板安装

8）美化处理（图 7-1-16）：贴美纹纸，安装轨道条和出风口，上螺钉，至此，二排木地板加装完成。

图 7-1-16　美化处理

检查评价

地板施工单

车牌		车型		施工员		
项目		一般要求			其他要求	
拆卸座椅	座椅脏污	□有 □无	胶钉损坏	□有 □无		
	轨道变形	□有 □无	线束漏水	□有 □无		
选择地板	地板规格		皮料打孔	□有 □无		
	地板材质	□有 □无	要求：			
裁剪地板	地板缺陷	□有 □无	裁皮边距	mm		
清理底盘	吹净表面	□有 □无	是否生锈	□有 □无		
	是否凹凸	□有 □无	残胶余留	□有 □无		
地板数量	线径：　mm 数量：　根					
	线径：　mm 数量：　根					
	线径：　mm 数量：　根					
	涂胶固定	□有 □无	表面处理			
完工测试	平面度	□有 □无	是否打蜡			
	安装缺陷	□异响 □划痕 □色差 □变形 □凹凸				
	地板裁剪	□有 □无				
地板安装	边缝间隙	mm	附件安装	□有 □无		

地板施工评价表

车牌		车型		施工员	
考核内容	作业技术评价	评分标准		配分	得分
拆卸地板（24分）	拆卸安全性	拆卸前进行安全检查		6	
	拆卸过程顺序正确	先拆卸附件，再拆卸座椅		6	
	拆卸工具选用	使用合适的工具拆卸座椅		6	
	拆卸完整性	拆卸过程无零部件漏拆		6	
选择地板（24分）	切割过程安全	切割过程操作无重大伤害		6	
	切割前检查	检查面板无严重划痕，无穿孔，无严重色差		6	
	切割尺寸合理性	面板整体尺寸偏差不超1mm		6	
	开孔定位准确性	安装附件的开孔位置偏差不超1mm		6	
制作地板（20分）	方框开料正确	木板、饰板尺寸合理，无过多浪费		10	
	钉枪使用正确	能选用合适的钉枪及钉并正确调节钉枪气压		10	
地板饰板安装（18分）	安装安全性	安装过程无受伤		6	
	安装完整性	安装过程无零部件遗漏		6	
	安装效果良好	地板边缘缝隙不大于0.6mm		6	
过程评价（14分）	拆卸过程	过程合理，工序正确		8	
	沟通协作	能与组员进行适当的沟通交流后再进行施工		6	
总分				100